日本における
DTC
Direct To Consumer Marketing
マーケティングの
歩みと未来

古川 隆 著

序

　今から 20 年ほど前の 1998 年当時，英国資本のメディカル・コミュニケーションズ・エージェンシーに勤務していた筆者は，イギリス人の社長からオーストラリアで実施された二つの DTC 事例を詳細に説明された。これが筆者と DTC の出会いである。その時，製薬企業が患者さんと直接コミュニケーションすることに対して直感的に面白いと思ったが，まさか日本でこれだけ DTC が普及して進歩するとは思ってもみなかった。そして今年（2018 年）は製薬企業の DTC マーケティングを支援するために自分の会社を設立してちょうど 10 周年となった。

　DTC に出会ってからの 20 年，会社を設立してからの 10 年，決して順風満帆の歩みではなかったが，現在これだけ多くの製薬企業が患者さんとしっかりコミュニケーションをしていることに一入の感慨がある。筆者が日本の DTC マーケティングの普及に微力ながらも貢献してきたことは間違いないと自負している。

　今回周囲からの勧めもあり，会社設立 10 周年を機に本書を上梓することとなった。すでに上梓した DTC に関する 2 冊の自著に基本的な事柄は網羅されていると思う。本書では書名のとおり，日本における DTC マーケティングの歩みについてぜひ記録に残したいと思った。本書は三部構成をとっている。第 I 部では，ご縁のあった 5 名の方に対談をお願いして DTC マーケティングの流れや今後についてともに語ってもらい収載している。第 II 部では，既刊の自著 2 冊からとくに要望の多かった三つの章を再掲し，DTC を巡る最近の動向を踏まえた新たな四つの章を書き起こしている。第 III 部では，DTC マーケティングに関連して読者に有用な資料を 5 社のソリューション企業にお願いをしてご提供頂き，それを収載している。

序

　これから10年後，20年後も大義に基づく正しいDTCマーケティングが実施され，患者さんや医療関係者に寄与することを強く祈念したい。本書を刊行するにあたり，ご協力やアドバイスを頂いたみなさまにこの場を借りて感謝を申しあげる。

　2018年1月

古川　隆

新版 序

（『新版 DTC マーケティング』2009 年 11 月刊行より）

『DTC マーケティング―医薬品と医療消費者の新しいコミュニケーション』
第 1 版を上梓したのは 4 年前の 2005 年 3 月であった。当時はまだ DTC マー
ケティングは日本の製薬企業にとって必要か否かという DTC そもそも論が大
勢を占めており，そのようななかで少しでも普及に寄与したいとの思いから筆
を執ったのであった。あれから 4 年経ち，現在の DTC マーケティングの状況
はどうであろうか。2008〜09 年にかけては毎月どこかの製薬企業が DTC を実
施しており，テレビで疾患啓発の DTC 広告を見ることもあまり珍しいことで
はなく，日曜日に新聞を広げれば全段を使った DTC 広告が掲載されていると
いう状況である。筆者が 2009 年 3 月まで主催した「実践医薬品 DTC セミナー」
にも毎回たくさんの製薬企業の方が参加されて盛況であった。

　もはや日本において DTC マーケティングそのものの是非を問うことは，意
味がなくなったといってよい。現在の製薬業界では一歩前進し，より効果的
な DTC マーケティングを実施するにはどうしたらよいかということに関心が
移っている。DTC の先進企業では，十分な実施ノウハウを蓄積し，それを支
援する総合広告会社などのパートナー企業や自社内に DTC に関する経験豊富
なスタッフを抱えるようになってきた。多くの製薬企業は DTC マーケティン
グの実施に躊躇しなくなり，それを支援するパートナー企業の層もどんどん深
みを増している。

　しかしながら，まだ DTC マーケティングを本格的に実施できないでいる企
業もたくさんある。実施経験のある企業でも，継続的に実施していくための社
内体制や人材育成，パートナー企業選定などに戸惑っている様子がうかがえ
る。本書は，すでに DTC マーケティングに経験を十分有している人には確認

新版　序

のために，もっと DTC マーケティングを知りたい人には最新の情報を提供すべく著した。本書がこれからの日本の DTC マーケティングの普及と発展に少しでも寄与できれば望外の喜びである。

　本書を刊行するにあたって，資料や情報のご提供をいただいた協力者のみなさんに感謝を申し上げたい（巻末にご協力者一覧を掲載した）。また，新版化にご尽力いただいた日本評論社の守屋克美氏にお礼を申しあげる。

2009 年 11 月

古川　隆

はじめに

（『DTC マーケティング』2005 年 3 月刊行より）

　日本の医療用医薬品業界で「DTC」という言葉をよく聞くようになって，5年余りが過ぎた。一般の人には DTC とは耳慣れない用語だと思うが，Direct to Consumer の略で，製薬企業が医療消費者に直接働きかけるマーケティング活動のことを指す。最近の新聞にはしばしば，特定疾患の啓発のための全面広告が掲載されている。週刊誌にも，初めて聞く疾患名について詳しい解説記事が載っていることがある。これらはすべて DTC マーケティングのコミュニケーションの一環である。初期のころの手探り状況から脱し，国内での実施経験を踏まえて，現在では一部の製薬企業は日本版 DTC マーケティングの手法を確立しつつある。

　しかし，大部分の製薬企業はいまだに DTC マーケティングに未着手であり，外資系製薬企業であっても，海外での豊富な DTC 事例を日本国内での実施に十分生かしきれていないところもある。

　日本において DTC マーケティングが本格的に普及しない背景はどこにあるのだろうか。海外との医療制度の違いはもちろんであるが，DTC の日本導入に際して外資系製薬企業が本国からの強い指導で急激に導入を図ったことや，DTC マーケティングの内容が DTC 広告に偏って進められてきたために，本来の DTC のあるべき姿が歪められて理解されたことが原因ではないか，と筆者は考えている。

　本書は，今後の正しく新しい DTC マーケティングの普及と発展を目指して，DTC マーケティングについての理解を系統立てて進める一助になるように企画された。DTC 広告にフォーカスするよりは，マーケティングの理論的なアプローチと実践的な手法について考察することを心がけた。本書が現在の

はじめに

DTC マーケティングに悩んでいる方や，これから DTC マーケティングを実施しようとしている方々の参考になれば幸いである。

　本書を刊行するにあたって，データや貴重なアドバイスをいただいた DTC マーケティング研究会会員のみなさまをはじめとする協力者の方々に感謝を申し上げたい。また，本書で引用させていただいた原著者の方々にも深く感謝を申し上げたい。

　2005 年 3 月

古川　隆

目　次

序 ……………………………………………………………………………… *i*

新版　序（『新版DTCマーケティング』2009年11月刊行より）………………………*iii*

はじめに（『DTCマーケティング』2005年3月刊行より）………………………… *v*

第Ⅰ部　対談編

対談Ⅰ　DTCとの出会いと研究（大石芳裕）………………… *3*

◆DTCとの出会い ……………………………………………………… *5*

◆DTCとIMC（統合型マーケティング・コミュニケーション）………… *6*

◆"B to B to C"の時代に ……………………………………………… *9*

◆変化を遂げる企業の疾患啓発活動 ………………………………… *11*

◆MBAを修得する前に知っておくべき心得 ………………………… *13*

対談Ⅱ　判断に迷ったら患者さんの利益を優先する（高橋義宣）… *17*

◆ピルを月経困難症の治療薬として開発 …………………………… *19*

◆行動基準の原点は「判断に迷ったら患者さんの利益を優先する」…… *20*

◆「毎月，楽だ」を月経困難症治療薬のDTCのメッセージとして発信… *23*

◆副作用問題でDTCの実施が危ぶまれるも，患者視点から実施を英断… *26*

◆患者さんからの沢山のお礼のメールを宝に…………………………… *27*

対談Ⅲ　製薬業界を取り巻く環境は，極めて大きな転換点に
ある（沼田佳之）………………………………………… *31*

◆製薬業界を取り巻く環境は，極めて大きな転換点にある ………… *33*

vii

目　次

- ◆MR 減少時代に，変わるデジタルマーケティング：ビッグデータや AI の活用も ……………………………………………………………… *34*
- ◆医療 ICT やビッグデータの活用で医療の質向上，効率化も …………… *35*
- ◆地域で専門医の先生と患者さんをマッチングさせる仕組みの構築を … *37*
- ◆製薬企業に求められる「健康」「医療」「予防」という幅広い視点 での取り組み ……………………………………………………………… *39*
- ◆医薬品マーケットは " 新薬市場 " と " エッセンシャル市場 " の 2 極化へ ………………………………………………………………… *41*
- ◆急速に進む地域間での患者情報の共有：マイカルテの所有が可能な 時代に ……………………………………………………………………… *42*

対談Ⅳ　難病患者と専門医・研究者をつなぐプラットホームが 目標（香取久之）…………………………………………………… *45*

- ◆表に出てこない患者さんの声や想いを形にして伝える ………………… *47*
- ◆病名を知ったのは発病から 17〜18 年後…………………………………… *48*
- ◆製薬企業で経験した仕事をきっかけに，患者さんや家族のために コミュニティサイトを構築 ……………………………………………… *50*
- ◆難病全体に関する情報提供体制が急務「患者さんと専門家をつなぐ のが私の役目」……………………………………………………………… *53*
- ◆求められる患者さんと医師のミスマッチを防ぐプラットフォーム作り： 製薬企業の MR が持っている情報の共有と活用を ……………………… *55*

対談Ⅴ　将来，患者さん一人一人に寄り添う形の情報提供へ （加藤和彦）………………………………………………………… *59*

- ◆フランスの患者会での議論から刺激受けエビデンスに基づく客観的 データの重要性を実感 …………………………………………………… *61*
- ◆DTC との出会いは C 型肝炎患者に対する疾患や治療方法の啓発活動 の模索から ………………………………………………………………… *62*

viii

◆患者さんのインサイトはさまざま：DTC で患者さんが動いたとき
　にどこで何をすべきかが重要 ……………………………………………… *65*

◆これからの DTC のあり方とは…「患者さんの気持ちに寄り添い，
　課題に対し解決策を示す」………………………………………………… *67*

◆10 年後の DTC の姿：患者さん一人一人に寄り添い，どうケアする
　かという方向に情報がシフトへ ………………………………………… *70*

第Ⅱ部　DTC マーケティングの基本

第1章　医療用薬品のマーケティング・コミュニケーションと DTC マーケティング …………………………………………… *75*

1．医療用医薬品のマーケティング・コミュニケーション ……………… *76*
2．薬事法とプロモーションコードの縛りのなかで ……………………… *82*
3．医薬品業界，再編成の大波 …………………………………………… *86*
4．医療消費者の意識は急速に変化している……………………………… *89*
5．製薬業界とそれを取り巻く環境の変化………………………………… *90*

第2章　統合型マーケティング・コミュニケーションと DTC マーケティング ………………………………………………… *99*

1．統合型マーケティング・コミュニケーション（IMC）とは何か …… *100*
2．商品購入の意思決定における 5 つの役割 …………………………… *103*
3．IMC と DTC マーケティングの関係 ………………………………… *106*
4．DTC マーケティングは，IMC のなかで生きてくる ……………… *109*
5．IMC とクロスメディア ……………………………………………… *113*

第3章　DTC マーケティングのコミュニケーションモデル …… *117*

1．日本の医療環境のなかで DTC はどう根づくか ……………………… *118*
2．DTC マーケティング実施の必要条件 ………………………………… *121*

ix

目　次

　3．DTC マーケティング実施ポイントとコミュニケーションモデル … *123*
　4．補　　足 ……………………………………………………………… *132*

第4章　患者調査の手法とペイシェントジャーニーマップ …… *137*

　1．患者像は一つではない ………………………………………… *139*
　2．患者調査の流れ………………………………………………… *139*
　3．ペイシェントジャーニーマップについて………………………… *147*
　4．DTC のメッセージで用いるエビデンスデータ（数値）について … *148*

第5章　広告と広報の違いについて……………………………… *153*

　1．広告と広報 ……………………………………………………… *154*
　2．二つの広報 ……………………………………………………… *156*
　3．2015 年 1 月 6 日発出日本製薬工業協会の通知について …………… *158*

第6章　疾患啓発 Web サイトの構築とインターネットの
　　　　活用法 …………………………………………………… *165*

　1．疾患啓発 Web サイト…………………………………………… *167*
　2．インターネットを活用したコミュニケーション手法の基本 ………… *172*

第7章　効果検証の考え方…………………………………………… *179*

　1．処方箋データを用いた分析（DTC-ACE）…………………………… *181*
　2．ターゲット広告メディアを用いた効果検証（i-DReaMer）………… *183*
　3．病院検索を利用したユーザーの受診行動アンケート（QLife）……… *184*
　4．サイトへのアクセス解析について ……………………………… *185*

x

第Ⅲ部　資料編

資料Ⅰ　DTC・作品別 CM 放送回数 TOP10 と CM 好感度 （関東・2012－16 年度）

（CM 総合研究所（株式会社東京企画）） …………………………… *193*

資料Ⅱ　ペイシェント・エクスペリエンスデータ

（株式会社クロエ） ……………………………………………………… *199*

1．生活向上 WEB 概要……………………………………………………… *202*
2．生活向上 WEB 疾患データベース登録数 …………………………… *203*
3．ペイシェントジャーニーマップで患者動向を整理 ……………… *204*
4．治験満足度調査結果 ………………………………………………… *205*
5．患者インサイト事例　過敏性腸症候群（IBS）便秘 MROC ………… *206*

資料Ⅲ　医療機関内における患者行動・意識調査

（株式会社メディアコンテンツファクトリー） ……………………… *207*

1．疾患啓発・受診促進情報の認知拡大と受診率 …………………… *209*
2．受診行動につながりやすい待合患者への情報発信の重要性 ……… *210*
3．院内情報による待合患者への受診喚起……………………………… *211*
4．受診喚起の効果的な院内情報ツールの選定………………………… *212*
5．効果的な受診促進ツール：待合室テレビ…………………………… *213*

資料Ⅳ　患者サポートの必要性と実際

（シミックヘルスケア株式会社） ……………………………………… *215*

1．患者サポートプログラムの必要性 ………………………………… *217*
2．患者サポートとは ……………………………………………………… *218*
3．患者サポートのスキーム例 ………………………………………… *219*

目 次

　4．有効な患者サポート例 ……………………………………… *220*

　5．事例：骨粗鬆症の患者サポート ………………………… *221*

資料Ⅴ　医療関連記者クラブ・PR 会社

　　（総合ピーアール株式会社）……………………………… *223*

おわりに ………………………………………………………… *231*

扉写真の解説 …………………………………………………… *233*

参考文献 ………………………………………………………… *236*

協力者一覧 ……………………………………………………… *240*

索引 ……………………………………………………………… *243*

xii

第Ⅰ部

対談編

DTCとの出会いと研究

対談者：大石 芳裕

第 I 部 対談編

　著者は 2001 年に入学した明治大学大学院経営学研究科のマネジメントコース（MBA コース）で，指導教授である大石教授と出会う。当時，医薬品の専門広告代理店で広告とマーケティングの実務に従事し，米国の製薬業界で取り組まれていた DTC を体系的に理解し，把握するための研究に取り組んでいた著者に大石教授は研究者の学際的な視点から研究への指導を行ったという。

大石 芳裕（おおいし・よしひろ）

明治大学経営学部および大学院経営学研究科教授　グローバル・マーケティング論担当
九州大学大学院経済学研究科博士後期課程修了後，佐賀大学経済学部助教授，コロラド大学経営学部・大学院客員研究員を経て，1996 年に明治大学経営学部助教授，その翌年に教授に就任。
日本流通学会（理事，前会長），多国籍企業学会（理事，前副会長），国際ビジネス研究学会（常任理事），異文化経営学会（理事）などで要職を務める。主宰するグローバル・マーケティング研究会は，大手企業の海外戦略を担うキーパーソンが多く登壇し，人気を博している。

対談 I DTCとの出会いと研究

○**大石**　古川さんが明治大学の MBA コースに入学されたとき，私は DTC の
ことはほとんど知りませんでしたが，古川さんが研究テーマとして DTC につ
いて取り組みたいと言われた際，直感的に面白いテーマだと思いました。通
常，製薬企業は卸や病院・薬局にアプローチするわけですが，DTC は直接消
費者（患者さん）にアプローチする手法ですよね。

　今まで病院（医師）や薬局（薬剤師）に対してアプローチをする場合，病院
や薬局と消費者（患者さん）の力関係みたいなものがあり，日本であれば医師
が言ったことは絶対的です。消費者である患者さんはそれを「はいはい」とい
うように素直に聞くわけです。

　しかし，個人主義の発達した米国のような国であれば，消費者が物申した
り，場合によっては一般消費財の B to C の製品と同じように薬を指名買いす
る，つまり「この薬を処方してほしい」と医師に申し出たりといったことがあ
るわけです。将来，日本も患者さんが積極的に行動する方向に行くだろうなと
いうことは，古川さんの話を聞いていて直感的に感じました。

◆ DTC との出会い

○**古川**　私と DTC との出会いは英国資本のコミュニケーションズ・エージェ
ンシーに在籍していたときに，アジアパシフィックのリージョンダイレクター
の職務も兼ねていた英国人の社長が，オーストラリアでの DTC 事例を二つ
ほど日本に紹介してくれたことがきっかけです。米国やオーストラリアでは
DTC という面白いマーケティング手法が展開されているということでした。
社長からそれを聞いて，いずれ日本でも製薬企業はそのようなコミュニケー
ションを取り入れる方向に変わってくるだろうと感じたのです。

　当時会社のマネージャーが全員集められてこれについて議論をしたのです
が，全員「日本で実行するのは無理」という答えでした。でも，私は「ちょっ
と待てよ。本来，薬は病気を治すためにあるわけだから，それをつくっている
製薬企業が直接患者さんとコミュニケーションをすることは製造業としてビジ

第 I 部 対談編

ネスの本質だ」と気づき，面白いと思ったのですね。

　それで，早速，自分の部門に持ち帰って，若い部下たちに「こんな話がある
けど新しいプロジェクトとしてやってみる？」と聞いてみたところ，ぜひやっ
てみたいというスタッフが何人かいて，それで DTC に取り組み始めたのが
DTC との出会いですね。

○大石　それは大学院に入学するどのくらい前ですか。

○古川　1998 年ですから，大学院に入学する 3 年くらい前です。

○大石　では 3 年間は，社内でそのような DTC 開発のプロジェクトをやられ
ていたわけですね？

○古川　そうですね。実際の事例を海外の担当者が共有してくれたりして，日
本版に落とし込んでいく作業は非常に面白かったですね。

○大石　マーケティングを大きく分けると，病院や薬局に対応するのは "B to
B" で，消費者に直接対応しようとするコミュニケーションは "B to C"。こ
の B to B と B to C の違いがまず基本的にあります。

　例えば B to C でしたら，今だと SNS なんかも使うでしょうけど，当時であ
ればテレビなどのマスメディアを使ったようなものが，疾患の認知度を上げる
には手っ取り早い手法でしたよね。

　でも B to B であれば，そのようなことはしません。製薬企業の MR が医師
や薬剤師に製品に関するパンフレットを持って行って説明すれば，医療のプロ
フェッショナルである医師や薬剤師は医薬品情報を的確に把握するので，基本
的な対応の仕方は B to C と大きな違いがあります。

　古川さんはこの辺のことをどのようにして体系的に理論化していったのです
か。

◆ DTC と IMC（統合型マーケティング・コミュニケーション）

○古川　さまざまな理論や枠組みを先生から教えていただき文献をあたって自
分で学び，探しては試したり，当てはめたりしてみて，これは違うこれはいい

対談 I　DTC との出会いと研究

という風に考えていきました。そうした試行錯誤の繰り返しです。

　そして最後まで残ったのは IMC（統合型マーケティング・コミュニケーション）です。IMC を見つけたときに DTC の特徴とぴたりと合った。今まで製薬メーカーは B to B，つまりプッシュ型の手法しかやっていなかったので，消費財メーカーではなく，産業材メーカーに近かった。それが DTC というプル型のコミュニケーションを取り入れ始めたことによって，プッシュとプルの両方を駆使する消費財のメーカーと同じようなマーケティング手法を取り始めたのだと理解しました。

　そして，DTC マーケティングは特別新しい手法ではなく，IMC で説明できるということを主論にして，その IMC の条件と DTC を重ね合わせるとぴったり合うという論文をまとめました。それが学位を取らせていただく際に評価いただいたのではないかと思います。

　製薬企業では DTC マーケティングが特別なものだと思っておられる方もいますが，私は「特別なものではないですよ」と言っています。プッシュとプルのマーケティング施策があって，お菓子メーカーでも自動車メーカーでもみな普通にマーケティングに取り入れています。

　それが製薬業界ではわずか 15 年前までは，プッシュのほう，つまり流通政策のほうしか見ていなかった。でも小売店である医療機関にお客さんを呼び込む，つまり患者さんを呼び込むというところで，DTC というプル型のマーケティングを取り入れたわけです。するとプッシュとプルを使えるというマーケティングは，統合型マーケティング・コミュニケーションそのものなのですね。

　そして，大手の広告代理店等がさまざまなプルの手法を製薬企業に提案していきました。それによってさまざまなコミュニケーションツールやチャネル，メディアが劇的に増えてきましたね。

○**大石**　プッシュというのはメーカー側から製品をところてん式に押し込んでいく手法ですね。だから卸や病院・薬局等のチャネルに MR が訪問して「この薬を使ってください」と言って製品の情報提供を一生懸命やるわけです。

7

　一方，プルというのは消費者側が引っ張るので，薬のブランド名を知っていて，診察の際に医師が処方を決める際に「こんな薬を処方してほしいです」とお願いするから，プル・マーケティングになるわけです。(注：日本では医療用医薬品のブランド訴求はできず，疾患の症状などの訴求になる)

　だからBtoBは基本的にはプッシュが強くて，BtoCはプルが強い。その点でDTCは従来のものとは違う。でも，実はプッシュと言っても，最後は病院でも薬局でも，最終的には消費者に販売するわけですから，このマーケティングというのはBtoBでも，本当は最終的な消費者まで見ていかなくてはいけない。

　その場合，消費者に製品が到達するまでにはさまざまな手法があります。要するに山に登る道が幾つかあるわけで，それを全体的にやろうというのがIMC（統合型マーケティング・コミュニケーション）です。

　古川さんは，従来の卸や病院・薬局に薬を売るというBtoBのモデルしかなかったものを，IMCの理論を使ってDTCを説明して，これはマーケティングの基本中の基本だという理論を打ち立てたわけです。

対談 I　DTC との出会いと研究

○古川　その当時そのような理論を説明して論文を執筆し，本を出版しても，まだ製薬企業では DTC に対して特別なものという考えが強くて，「うちはこの領域で営業が弱い，MR が少ない。だからその代わりにこの DTC をやりたい」とよく言われました。それはナンセンスな話ですね。

　DTC はプッシュとプルの両方を統合して最適に組み合わせることで最大の効果が生れるわけです。ですので，MR が連動して動かなければ，せっかく患者さんが病院に行っても競合製品が処方されてしまいますよ，と指摘していました。

◆ "B to B to C" の時代に

○大石　実は今，B to B マーケティングについてさまざまな企業にヒアリングをしていますが，現在のマーケティングが極めて矮小化して捉えられている傾向が強い。営業部とマーケティング部，財務部や人事部といった組織ごとにマーケティングが切り分けられて，マーケティングは一つの機能，狭い意味の広告宣伝だ，みたいなことを言われるのですね。"コミュニケーション" というと，テレビや新聞で宣伝することくらいにしか考えてないわけです。

　それは重要なことの一つなのですが，例えば社長の経営に対する姿勢のあり方，営業マンの話し方や服装，これらはすべてコミュニケーションなのですよね。それをトータルで管理をしていかないと，本当の意味での競争優位に立てないわけです。製薬業界に限らず日本の企業というのは，そのような点では全く遅れていると感じます。

○古川　企業の方になかなか理解してもらえないときには，私は次のような説明をするときもあります。

　例えばインスタント・カレーの新しい製品が出たとします。そうすると，メーカーはテレビ CM などで新製品が出たということを宣伝して，一方では営業マンがスーパーマーケットを回って，「当社の新製品が出ますから，消費者の目につく売り場に置いてください」と働きかけます。すると店長からは

9

第I部　対談編

「本当にお客さんは買ってくれるの？」と聞かれますから、「これだけ多くのテレビ広告を投下しますからきっと売れます」と言って説得して消費者の目に止まりやすい売り場に商品を置いてもらうわけです。

　そんな話をして、製薬企業の医療用医薬品も同じで、MRの活動を効果的に連動させて、DTCを展開しているのでこういう患者さんが来ますから、「当社はこれだけこの疾患に貢献しています。当社はこういう製品を持っています」と医師を訪問して治療への貢献や製品の説明をする必要がありますよと話すと、理解してもらえるのです。

○**大石**　やはり時代は変わりましたね。2000年代の初頭に古川さんがDTCを研究し始めたころは、まだそういう意識もなかったし、文献もなくて研究もなされてなかったのですが、その後、医薬分業とかジェネリック医薬品が登場したり、さまざまな環境変化があって、製薬企業でもDTCに力を入れなくてはいけないという流れになったのでしょうね。

○**古川**　2005年か2006年くらいまでDTCというのはイコールDTC広告だという意識が強かったと思います。マーケティングと名付けて、いろいろ言っているけれども、要するに単なる広告の一つの手法ではないかと言われることもありました。

○**大石**　最近雑誌の連載を頼まれて私が執筆している記事で、B to Bマーケティングについてまとめたのですが、もう今はB to Bをやるにしても"B to B to C"を考えなくてはいけない。つまり最終顧客を考えなくてはいけないと主張しています。

　例えば、機械メーカーが顧客に機械を納入したら終わりというのではなくて、最終消費者にとってメリットがあるようなものを作るための機械だから、機械を使って何ができるのか、というところまで考えなくてはいけない。IMCがその点でも、"B to B to C"になり、その意味で統合されたものになってきており、これが現在のDTCマーケティングの潮流です。

　もう一つ、現代的な問題として消費者主権問題というものを考える必要があります。昔から消費者が本当は決定権を持つはずなのですね。だけど人間とい

10

B to B to C

うのは不思議なもので，外から与えられた情報のなかでしか選択できないわけですよ。だからある製品，医薬品を購入しようと思っても，何を買うかはせいぜい5つまでしか思いつかない。当然消費者もゼロからそれを考え出しているわけではなくて，友人との会話やテレビ，専門雑誌等から情報を入手している。限定された消費者主権ではあるけども，やはり今，医薬品業界のなかでも消費者である患者さんが自ら処方される医薬品を決める傾向にあり，そういう方向に必ず行くと思います。これが時代の流れだと思うのです。

　これまで製薬業界というのは研究開発に膨大な資金を投資して，10億ドルを超すブロックバスターをいかに生み出すかという競争を繰り広げてきたわけです。しかし，今その非効率さに製薬企業自体が辟易しているわけですよね。膨大な資金を投じて，それで大型品になる医薬品が1000のうち3つもないわけだから。だから規模の経済を追求するために統合を繰り返し，巨大企業になっていったのが現状です。

○古川　メガファーマの誕生ですね。

○大石　ただこれも限界がある。だったらもう少しマーケティングのところで差別化を図っていこうという方向，流れになってきていると思います。

◆変化を遂げる企業の疾患啓発活動

○古川　ここ数年のDTCの活動で大きく変わったことの一つは，どのような疾患でも製薬企業は自社で開設する疾患啓発のポータルサイトを作成し，医師等に監修をしてもらったうえで学術的にも全く問題ない正確なものを作るよう

になっています。以前は，高齢者はインターネットを使わないし，Web サイトによる情報提供なんて意味がないから必要ないという発想でした。しかし今は，高齢者の疾患であってもその家族などは Web サイトを見るわけですから必ず作るようになっていますね。

○大石　製薬企業の Web サイトの出来栄えも本当によくなりましたよね。

私は処方された薬のしおりは全部，PDF 化して記録しています。それでグーグル等のインターネットでも調べます。すると薬の分かりやすい情報が沢山得られます。

つい最近も花粉症がまだ治らないのでかかりつけの病院に行ったら，医師が「どんな薬にしようか？」と言うので，きちんと薬について調べたうえで「これを処方してください」とお願いしたわけです。日本でも患者さんがそうお願いしたら医師が処方してくれるという風に段々なってきていますよね。

医薬品が通常の食品や飲料品と決定的に違うのは，単に認知度が高いから選ぶということではなくて，選ぼうとしている医薬品が自分の病気に対してどのように効くのか他の治療法と比べてどうかといった事例や情報が得られることや，他の人たちがどのような評価をしているかということが大事になってくると思います。もちろん医薬品の持っている特殊性もあると思います。薬によっては命に関わるものもありますから。

だからこそ，そこで IMC が必要になってくる。例えば自社で膨大なテレビ広告を展開できないとするならば，他の手段でどう自社製品の認知度を上げて，自社の医薬品を選んでもらうかという工夫が必要になる。単に認知度を上げる方法もあれば，臨床試験を組んで色々な大学の先生に研究をしてもらいお墨付きをいただいて，効能・効果や安全性の高さで勝負をする，という形にもなってくると思うのですよね。

○古川　最近の変化として DTC の何が変わってきたかというと，ターゲッティングの手法です。

もともと医薬品は疾患ごとに服用をする患者さんがターゲッティングされているわけですが，なおかつその医薬品を服用してほしい患者さんの重症度や軽

症度等も分かっているわけですから，これほどターゲッティングできる商材はない。

　最近では，インターネット等のソリューションがどんどん開発されてきたことによって，ターゲッティングしたい人たちに対してだけ，集中的に情報発信するという方向に変わってきています。一方で幅広い人をターゲットにしたDTCのテレビCMの作品数は2012年をピークに減ってきていますね。

○**大石**　その背景には，インターネットがピンポイントでターゲッティングできるという特性がありますよね。

○**古川**　逆に，だからこそ中堅の製薬企業やDTCを手掛けたことのない企業も，うちでもこれはやるべきだという風に変わってきているのですね。

◆ MBA を修得する前に知っておくべき心得

○**古川**　最後に大石先生にお聞きしたいことがございます。

　製薬企業のかなりの方がDTCに興味を持っていて，DTCを研究テーマにされる方も多いと思います。そういう方が社会人向け大学院のMBAコースに進むときに，どのような意気込みや考えで進んだほうがよいか，社会人で大学院生になることを考えている方にメッセージをいただけますでしょうか。

○**大石**　重要なことが幾つかあると思います。

　一つ目は日本の企業は残念ながらMBAを評価していないということです。海外の大学のMBAでさえ評価対象に入らない。MBAを修得したから給料が上がるとか，出世コースに乗るということはほとんどないです。だから肩書きがあまり役に立たない。

　しかも，日本のビジネススクールだとさらに評価が低くなり，夜間のコースだとさらに評価が下がります。慶應大学みたいに全日制のコースだと評価が少しよいのですが，社会でそれほど評価されていないということをまず理解しておくことですね。

　ただ一方で，2年間必死になって勉強するなかで，一般性と特殊性を理解し

第I部 対談編

たり，論理的思考を身につけたりします。私は学生でも社会人でも何が一番大切かというと，説得力だと思っているのです。説得力は論理的思考とデータとプレゼン力で決まります。

だから論理的な思考力をきちんと身につけ，それをデータで裏付けて話をすること。「2，3日前の新聞で見たのですが，こうでしたよね」と話をするのと，「何月何日の日経新聞の朝刊に載っていた」というのでは説得力が違うわけです。だからデータに基づいて話す，考える癖をつけることが大切です。それを言葉に直したり，パワーポイントでプレゼンテーションをしたり，文章でまとめたりする。これらはすべてプレゼン力ですから，これらを身につけることも大事です。だから論理的思考，データ，プレゼン力と，これを学ぶのが，MBA コース（ビジネススクール）の醍醐味だと思っています。肩書きではない，中身を充実させるということですね。

最後に，大学院で勉強するというのは，普段とは違う思考法を学びます。とくに一般社会ではあまりやらない演繹法，すなわち文献資料を集めて，調べていき，本質に迫ることを多くやります。これに膨大な時間と手間がかかるのです。だから相当な覚悟を持って MBA コースに行く必要があります。ゴルフを土日やりながら，テレビで野球中継を見ながら，片手間で研究するみたいな形で取り組んだら，絶対役に立たないですよ。

だから2年間は必死で戦うことです。「戦略」とは何かをすることを決めるのではなくて，何かを捨てることを決めることなのです。だから MBA の学位を取るということは，何を捨てるかを決めることでもある。その覚悟がないと MBA コースへ行ってもあまり意味がありません。

社会人の人は入学する前に，既に研究したいテーマを持っているので，よい指導を受ければものになると思っています。しかもやる気満々だからよく研究もするし議論も活発です。その点は社会人の大きなメリットであるし，強みです。MBA コースの一つのよいところは，多様な産業界から集まったよい仲間と議論をして，どんどん啓発されていくことですね。だから単に MBA を取りに行くのではなくて，「きちんと論文を書くぞ」という覚悟を持って臨むこと

が重要です。

対談 II

判断に迷ったら
患者さんの利益を優先する

対談者：高橋 義宣

第 I 部　対談編

　ノーベルファーマの営業企画部長当時，月経困難症治療薬の DTC マーケティングで陣頭指揮をとられた高橋氏。会社として初めて取り組んだ DTC の活動は，さまざまな課題や難問に直面しながらも，結果的には患者さんから感謝され，好調な販売につながったという。そのときの経験を振り返りながら，医薬品マーケティングにおける DTC 本来の役割や目的について語っていただいた。

高橋 義宣（たかはし・よしのぶ）

ノーベルファーマ株式会社　営業本部長

1983 年日研化学に入社し，MR，エリアマネージャーを経験後，本社でマーケティングの業務に就く。1998 年から三菱化学医薬カンパニー（現：田辺三菱製薬）に出向し，喘息薬のプロダクトマネージャーを務めた後，帰任して SFE，CRM，トレーニングを指揮。2006 年興和との事業統合準備に関わり，興和創薬発足時に営業戦略部長に就く。後に興和経営企画部でヘルスケア全般のビジネス展開に携わる。2011 年ノーベルファーマ入社後，希少疾患薬における新たなビジネスモデルの構築に従事し，併せて DTC マーケティング，マルチチャンネル・マーケティングに取り組む。

◆ピルを月経困難症の治療薬として開発

○高橋　6年前（2011年）に今の会社に移籍し，月経困難症治療薬のプロダクトマネージャーに就任しました。月経困難症というのは日常生活に支障をきたす重い生理痛ですが，避妊用のピルを治療薬に置き換えた製品でした。

　2008年に発売して3年が経過していた当時，当社の塩村仁社長から「製品を発売はしたものの，それだけでは社会に十分に貢献してない」と言われました。生理痛で悩む女性のところにこの薬が届いて，症状が改善されてこそ製品としての価値が見出せるというのです。

　確かにせっかく医薬品を市場に送り出しても，患者さんに届かなければ，製薬企業として社会に貢献していないことになりますよね。「判断に迷ったら患者さんの利益を優先する」というのが当社の行動基準の第一番目にあります。

　当社はベンチャー企業です。身の丈に合ってないという理由から，社内でも当時お金がかかると言われていたDTCを実施することには反対の声がありました。ただ，社長からの指示で，「患者さんに届けてこそ」ということを考えると，DTCがどうしても必要でした。しかし，会社のなかに，DTCに本格的に携わった社員がいませんでした。そこで，どうしようか迷っていたときに，インターネットを検索していたら古川さんの著書を見つけまして…。それを読んでまず勉強しようと思い，読み始めたときに，丁度良いタイミングで古川さんから当社の塩村社長にメールをいただきました。

○古川　貴社の塩村社長とは三菱化学のころからお付き合いがあり，その後会社を設立されご活躍されているのを知っていましたので，疾患啓発（DTC）研究会にお誘いしようとメールを送ったのです。

○高橋　社長から「おい高橋，こんなメールが届いているぞ」と声を掛けられまして，「DTCを勉強すればよいのだ」と思い立ち，すぐに古川さんにコンタクトを取りました。そして，実際に研究会に参加させていただいて，非常に刺激を受けました。参加しておられる方は既にDTCの実務を経験していらっしゃる方が多いし，DTCの実施にあたっては高額なお金を投資するわけです

第Ⅰ部 対談編

から，リターンをどう測定するかなどの議論がありました。みなさん，はるか先を行かれていて，「これは大変だな」と思ったのがDTCマーケティングとの出会いです。

○古川　その後ずっと研究会には毎回来ていただいていますね。

○高橋　そうですね。特別な予定がない限り，最優先で出席させていただいていますが，そこから得る情報はとても貴重です。ディスカッションをして，情報共有させていただきながら，製薬業界としてあるべきDTCマーケティングの姿をみんなで描いていくべきだと思っています。

○古川　高橋さんのすごいところは，ご自身がDTCを経験された後で「DTCの経験がないので貴社事例の話をしてください」という製薬企業からの要望があると，手弁当でその企業に出向いて，講演をされているところです。素晴らしいことですよね。普通でしたら，自社のノウハウを他社に話しては駄目だと，上層部からお叱りを受けそうなのに…。

◆行動基準の原点は「判断に迷ったら患者さんの利益を優先する」

○高橋　当社は2003年に塩村社長が創業したのですが，他の製薬企業が手掛けていない希少疾患薬を中心に事業を行っています。実は日本では，儲からないという理由で開発を見送っている医薬品は沢山あります。

　当社は大きく儲からなくても，患者さんに治療薬が届き，その結果として少しでも利益が出ればよいという考えで，開発を行っています。そのため当社のミッションは，「顧みられない医薬品，医療機器の提供をとおして社会に貢献する」という点で明確です。行動基準の原点も，先述しましたように，「判断に迷ったら患者さんの利益を優先する」ということです。

　日本では1999年にピルが避妊の適応症で承認されたのですが，当社で実態を調査したところ，半分近くが適応外の月経困難症で使われているということが分かりました。本来は保険診療のなかで患者負担は少なくて済むはずなのに，患者さんが自費で治療をしているという実態があったので，ピルを月経困

対談II　判断に迷ったら患者さんの利益を優先する

会社使命：必要なのに顧みられない医薬品・医療機器の提供をとおして，社会に貢献する

行動基準

1．原点：
　判断に迷ったら患者の利益を優先する

2．挑戦：
　1）YMWS：<u>やってみ</u>なくちゃ<u>判</u>らない，
　　しかし，<u>損切り</u>をためらうな
　2）ZY：<u>前例</u>がないなら<u>やってみる</u>

3．スピード：
　1）患者が待っていることを忘れるな
　2）時間を金で買うことを恐れるな
　3）結果として遅れても良いから，まず
　　目標期限（年月日）を設定する
　　※「〜ころ，〜旬」は，禁句
　4）すぐにできることから始める
　5）失敗・トラブル発生時，まず足元の
　　拡大防止，次に再発防止と考える
　　※責任追及は，なくても良い
　6）○百万円未満は，担当部門がすばや
　　く決裁する
　　※当面，○＝3（本部長），1（部長，支
　　店長，PM，PL）

4．コスト・効率：
　1）無駄なものを持たない・買わない，
　　無駄なことをしない・させない
　2）残業ゼロは，良いこと
　3）製品・データの品質追及において，
　　患者ニーズ，科学的合理性，法令の
　　本質も考える
　4）複数購買を原則とし，関係先をパー
　　トナーと考えたうえでのコストカッ
　　トを追求する

5．コミュニケーション・人間関係：
　1）会社への忠誠心を道理に優先させな
　　い
　2）上司は，部下を信頼し任せるが，放
　　置しない
　3）人の話は，最後まで聴く，途中で遮
　　らない
　4）説明・回答は，結論から言う
　5）たかが挨拶，されど挨拶

ノーベルファーマ株式会社では，行動基準が裏面に入った名刺を使用している。

難症という治療薬として臨床試験を進め，効果と安全性を確認して治療薬とし
て世に送り出しました。開発の原点はやはり，当社の社長がそうした患者さん
のニーズを把握していたことです。

○古川　製品の開発段階から患者さんとのコミュニケーション，発売後に患者
さんに製品に関連する疾患の情報を伝えていくというところが，全くぶれてい
ない。お話をうかがっていると，なぜDTCマーケティングを実施されたのか
が胸にすっと入ってきます。そこまでの思い入れをもとに開発して，それが患
者さんに届けられてこそ使命が果たせる。そして患者さんが知らないのであれ
ば，知らしめるための取り組みをするというのは本来の製薬企業のあり方です
よね。

第I部 対談編

○高橋　この製品を臨床開発していたときに，生理痛をスコア化して，プラセボ（偽薬）と比較すると明らかに結果に違いがありました。この臨床試験は世界で誰もやっていなかったのですよ。そしてその試験結果をまとめた論文がインパクトファクターの高い海外の有名な雑誌に認められて掲載されました。

○古川　ピルは昔からあって適応外使用もされていました。月経困難症の適応で開発しようという企業はなかったのですか。

○高橋　ありませんでしたね。それが当社の社長の鋭い判断です。

　ピルを生理痛の治療薬にしたところで，薬価を考えても割に合わないのか，どこも開発を手掛けてこなかったのです。ですが，当社の社長は絶対に勝算があると判断していました。それは患者さんの声や悩みに耳を傾けた患者視点からの発想だったと，今では思います。

○古川　DTCについても，この10年くらい製薬企業各社が取り組んでいますが，貴社は最初から「大義」を重視しています。高橋さんも講演では必ず大義という話をされます。

○高橋　そうですね。当社は会社のミッションや行動基準が，すべてが患者さんを原点にして動いているので，当然DTCマーケティングを誰のために実施するかと言えば，自社の儲けのためにではなくて，患者さんのためなのですね。治療薬があるのに届いていないから，しっかり届けて患者さんのQOLの向上に貢献する。早期受診，早期診断・治療すれば，子宮内膜症やがん，不妊症への進行も防げる。きれいごとに聞こえるかもしれませんが，DTCマーケティングの大義として，誰のために実施するのかといえば，患者さんのために行うということを前面に出しています。

○古川　ようやく最近，一部の企業の行き過ぎたDTCがメディアなどから指摘されて，やはり大義が必要だと言われるようになりましたけど，貴社はその当時からそうでしたね。

○高橋　そうですね。

○古川　患者さんに関する調査も当時としてはかなり綿密に実施しましたよね。

○高橋　患者さんのインサイト調査はDTCを実施する前に全部で6回行いました。そのなかで，重い生理痛がある人がどのような対応をしているかということも当然調べました。その結果，愕然としたのは，生理痛の症状で，日常生活に支障をきたすほど症状の重い方が，なんと40％近くいたことです。そのうち，生理痛はあるけど何とか我慢できるという人が50％で，病院を受診している人は14％しかいませんでした。

　生理痛はそもそも受診して治療するものだという認識がないのですね。生理痛で病院に行くなんて大げさだし，生理痛が病院で治るとは思わないわけです。痛みは我慢するものと思っている人が多くて，どうしても我慢できなかったら市販の鎮痛剤などで対症療法をしている。そうした状況が調査から明らかになってきて，そういった人たちを産婦人科への受診につなげたいと思いました。

◆「毎月，楽だ」を月経困難症治療薬のDTCのメッセージとして発信

○古川　今となったら患者インサイト調査を実施するのは当たり前のようなことかもしれませんが，当時はそういうことをする事例はまだ少なかったですね。それから，当時から貴社ではペイシェントジャーニーを時間をかけて分析されていましたね。すごいことだと思います。

○高橋　もう一つ重要なポイントとして，当社はDTCマーケティングについては素人でしたので，古川さんのような専門家に加わっていただき，アドバイスをいただかなければ，ゼロから始めるには状況として厳しかったと思います。

○古川　今でこそDTCでもターゲティングが重要と言われています。今では当たり前のように各社が分析をしてDTCを実施していますが，あの当時に貴社はすでに実施されていましたよね。

○高橋　調査から生理痛についてさまざまなことが分かりまして，およそ500

第Ⅰ部　対談編

万人が重い生理痛で日常生活に支障をきたしていることが推測できました。ただ500万人全員に個々に合ったメッセージをくまなく届けるのは無理な話なので，そのなかでもしっかりメッセージを受け取って，自分自身で考えて，自ら行動を起こすような女性の層とのコミュニケーションを中心に考えました。
○古川　ペルソナをしっかりと作り上げましたね。
○高橋　はい。まず，仕事に就いていて，バリバリ働いている若い女性のグループです。みなさん鎮痛剤を飲んで痛みを我慢している。それから，子育てをしているお母さんたちも結構悩んでいました。調査をすると，これらのグループの人たちは500万人のうち170万人いたのです。そのため，これらの人たちにメッセージを届けるためのターゲティングをしました。
　そうした属性が見えたところで，そこにメッセージを届ける手段はなんだろうと考えると，だんだん見えてきますよね。働いている女性だと，通勤電車の車内広告でメッセージを発信するのがいいのではといった感じです。
○古川　それから，DTC広告の実施によりどのような効果が出るかをすべて

数値で測りましょう，ということをあらかじめ決められていたのも良かったですね。

○高橋　印象的だったのは「レストルームプロモーション」です。女性がトイレで個室に座ったときに目の前に「こんな症状，こんな生理痛は大丈夫なのだろうか，生理痛は病院で治療できます」という内容のステッカーが貼ってある。藁をもつかみたいくらい苦しいときにこれを見たら，携帯でパシャっと撮りますよね。

○古川　これは良いアイデアで，この後，同様の取り組みをされる企業が出てきました。でも，ノーベルファーマが初めてだったのではないでしょうか。

　あとは「マイツキラクダ」というラクダのアイコン。あれも DTC の活動全体を統合し，すべての活動を有機的に結びつけるという意味では非常に重要でしたね。

○高橋　「毎月，楽だ」，すなわち「毎月生理痛が楽になりますように」という意味を込めています。

○古川　また，DTC を実施する前や実施中に，MR さんが DTC の活動を医師に説明するための資材や，高橋さん自らが医局説明用のスライドを作るなど準備されましたよね。当時としては本当に十分過ぎるくらいに，MR 活動のさまざまな支援策を考えていらっしゃいました。

○高橋　MR にとっては，何もネタがないなかでディテールしてきてくださいと言っても全く動いてくれません。MR から見たら本当にウキウキする活動ですし，ぜひ先生に伝えたいので，丁寧に，なぜ我々がこういった活動をするかというチラシを3回作りました。それとは別に一般生活者の状況をお伝えするために，調査内容や調査結果のパワーポイントの資料を準備して，医局やクリニックで説明会を行ったのです。それがよかったと思います。MR も先生方からの賛同を得られれば嬉しくなりますしね。

○古川　DTC は取り組む人の熱意も重要です。

○高橋　本当にそのとおりだと思います。

○古川　日本での初期の段階で成功した DTC は，プロダクトマネージャーが

第 I 部　対 談 編

熱意をもって取り組んだ事例が多いですね。

○高橋　腹をくくって，熱意をもって説明し，患者さんのためにはこうだと言い切って，それを信じて前へ進むと，MR のみなさんはついて来てくれました。

◆副作用問題で DTC の実施が危ぶまれるも，患者視点から実施を英断

○古川　その一方で，DTC スタート前に他社製品で死亡例が出た際に，どうするか非常に悩まれて，即座に KOL（キーオピニオンリーダー）の先生方のところに行って話を聞いてきた結果，DTC を実施すると決断なさった。あのことも素晴らしいと思いました。

○高橋　まさに DTC がスタートする直前でした。2 月にスタートしましたが，ちょうど 1 カ月前に，競合品で血栓症の死亡例が出たのです。安全性速報（ブルーレター）が発出され，テレビでも報道されましたし，インターネットでも沢山取り上げられて，大変な状況でしたね。

　さすがに，当社ではもうこの製品の DTC はできないのではないかとみんな思いましたし，私もそう思いました。「このお薬を使って積極的に治療しましょう」という活動はもう無理だと思ったのですが，当社の経営会議でもどうするか議論しまして，実施の時期をずらすという会社としての方針が出たのです。他社製品の状況が落ち着くまで，DTC の実施の時期を延期しようということになりました。

　しかしながら，社長から学会に行って KOL の先生方に相談してくるようにと指示されたのです。それで日本産科婦人科学会と日本産婦人科医会に行きました。するとその両方の先生方から，「こういうときだからこそ DTC をやらなくては駄目だ」と論されたのです。「正しい情報を医師にしっかり伝えていくべきだ。こんなことでひるんでどうするんだ」と言われまして，目が覚めるような気持ちでした。

　逆にこういう状況だからこそ，患者さんにしっかりとした疾患啓発を行い，

26

医療従事者に安全性の情報を伝えることが大事だと言われたのです。結果的に，安全性に関する情報をオープンにして，注意すべき点についても医療従事者へ情報を丁寧にお伝えしました。これは大変な作業でしたが，結果としては信頼につながったと思います。

○古川　大義がなかったら，それはできないですね。

○高橋　そうですね。これも大義ですね。

　そして今も続けていますが，24時間問い合わせができるお薬相談の窓口を開設しました。それで「この薬を服用していて分からないことや不安なことがあったら問い合わせてください」「このような症状が出たら，すぐに連絡してください」とアナウンスしました。

○古川　大義がなければひるんでいましたね。

○高橋　ひるんでいました。恐らくDTCの実施時期もずっと後に延ばしたでしょうね。

◆患者さんからの沢山のお礼のメールを宝に

○古川　そのときのDTCで，一つのキャンペーンが終わった後に患者さんからお礼のメールが沢山来て，感激されたとおっしゃっていましたね。

○高橋　それは今でも私どもの宝として社内に残しています。

　そのなかのお一人の話ですが，通勤中に具合が悪くなり駅のホームでたびたび休んだり，時には救急車で運ばれたこともあるくらい症状の重い方で，電車でふと「マイツキラクダ」の広告が目に入って，それがきっかけで当社の月経困難症のウェブサイトを見てくれて，自身が病気であることを理解したとメールに書いておられました。

　それで意を決して病院に行ったら，月経困難症だけではなく，子宮内膜症も見つかったそうです。医師と相談しながら治療を続けておられるようなのですが，何よりも薬を飲むようになってからは本当に毎月楽になって，「がらりと人生が変わった」「もっと早く病院へ行って薬を飲んでいればよかった」と

第 I 部　対談編

メールに延々と書いてあるのです。そのメールは今でも宝にしています。

○古川　それは嬉しい限りですね。

○高橋　やはり DTC を実施してよかったなと思います。そういう人が沢山いることも実感できました。実際，処方箋のデータで見ると，私たちが DTC 活動を始める前，2011 年は 110 万人の患者さんが受診していたのです。それが 2014 年には 162 万人に受診患者数が増えていました。

○古川　最近はインターネットを活用した活動も増えてきて，ほとんどの製薬企業は内容のしっかりとした立派な疾患啓発サイトを作っていますし，それは後にも残りますよね。DTC 活動というと，テレビ CM を流している期間だけというイメージが強いと思うのですけれども，しっかりとした疾患啓発サイトを作ると活動は継続的になり，患者さんは自分で動きますので随時自分でサイトを見に行き，新規の患者さんが増えることにつながると思いますね。

○高橋　本当にそうですね。

○古川　これだけインターネットにいろんな情報が氾濫して，怪しい情報がたくさんあるなかで，どのサイトが信頼できるかといえば，やはり製薬企業が開設しているウェブサイトにつきるのだと思います。

○高橋　製薬企業には大きな責任がありますから，医学的にも正確な情報を載せますしね。

○古川　いい加減なものはまずないですよね。

○高橋　それは製薬企業の素晴らしいところですよね。

○古川　そうですよね。その疾患領域の権威のある医師の医学監修をつけて企業内のチェックも何回も受けますからね。そこまでやるウェブサイトは製薬業界以外ではあまりないと思います。

○高橋　DTC をとおして経験して嬉しかったことは，医師が患者さんから「ありがとう」と言われると嬉しいという感覚と同じなのかもしれません。

○古川　医師は医師として活動していて，それが一番嬉しいと言いますよね。患者さんと接点をもって，きちんと相手の顔が見えると，製薬企業としてモチベーションも高まるでしょうね。

○高橋　そうですね。当社の社長は患者会との接点をもつよう，よく社員に言っています。

　患者さんと接していないと行動基準の原点である「判断に迷ったら患者さんの利益を優先する」の利益が分からないからです。会社をあげて積極的に患者会のボランティア活動に参加しています。参加すると当社の医薬品に対してお礼を述べられる場面に接します。

　自分たちの社会的な役割や使命を再確認させられる瞬間です。

対談 Ⅲ

製薬業界を取り巻く環境は,極めて大きな転換点にある

対談者:沼田 佳之

第Ⅰ部 対談編

　医薬情報とマーケティングの専門誌編集長として，製薬業界や医学・医療界，医療行政を見つめてきた沼田氏。製薬業界を取り巻く環境の変化や地域医療連携・地域包括ケアへと向かう医療界の動向，ICTやIoT，ビッグデータ，AI技術など進化するIT技術と医薬マーケティングの関係などについて語っていただいた。

沼田 佳之（ぬまた・よしゆき）

株式会社ミクス　代表取締役　Monthlyミクス編集長
北里大学を1987年に卒業後，外資系製薬企業に入社。営業本部に所属し，医薬情報担当者（MR）として活動。この経験を踏まえ，1992年から製薬業界向け日刊紙の記者として，厚生労働省，製薬業界，医学・医療界の取材に従事。キャップ，デスク，編集長を経て，2008年12月にエルゼビア・ジャパン株式会社に移籍。Monthlyミクスの編集長に就任。2017年7月にエルゼビア・ジャパンから株式会社ミクスに事業が承継され，同社の代表取締役兼ミクス編集長として現在に至る。

◆製薬業界を取り巻く環境は，極めて大きな転換点にある

○沼田　2000 年代前半は生活習慣病，例えば高脂血症や高血圧治療薬のいわゆるブロックバスター薬市場が急成長しました。この時期の製薬企業のマーケティングは，プライマリー市場に対し，相当数の MR を投入し，シェア・オブ・ボイス（SOV）型でキー・メッセージを発信する，いわばモノや量にものを言わせるようなアプローチをしていた時代でした。

　2015 年を過ぎたころから，ブロックバスター薬の特許切れが日本でも相次ぎ，これらの市場に後発品が浸透し始めます。政府も，医療費抑制策の切り札として，後発品の数量シェアを高めるインセンティブを診療報酬点数に付けるようになり，マーケットがものすごく変化し始めたと実感しています。このころからだと思いますが，従来型のシェア・オブ・ボイスを軸としたプロモーションの効果が上がらないという声を現場から聞くようになりました。

　さらに製薬業界にとって激震だったのは，降圧薬の臨床研究不正が明るみになったことではないでしょうか。旧来型のマーケティングの手法が通用しなくなる。インターネットの普及も相まって，マルチチャネル型でタイムリーなネット情報に医師側も飛びつくようになるなど，大きな転換要素がこの時期に噴き出し，現状に至っています。

　次世代型のマーケティングを模索する動きは，もはや必然の流れとなったわけです。そのなかで我々が注目すべきは，まさに医薬品マーケットの変化の潮流をどう読むかだと思います。団塊の世代が後期高齢者となるいわゆる 2025 年問題を控え，医療需要の伸びと裏腹に，行政による医療費抑制策が強化されているのです。医薬品も同様に，革新的新薬はよりニッチな領域にアンメットニーズが生まれますし，特許の切れた長期収載品や後発品市場については，地域・エリア単位で，地域の人口推計や中期的な医療需要にマッチした政策が進みます。

　これまでは，オールジャパンを一つのマーケティング戦略で括ることが主流でしたが，これからはエリアや患者のニーズに応じたアプローチが求められま

第I部 対談編

す。すなわち，戦略の多様化ですね。これからは一つの軸として，厚労省が進める地域包括ケアシステムが重要視されます。今までは開業医なら全国で10万軒，病院なら8,700軒程度のマスマーケットを戦略の柱に想定していましたが，これからは47都道府県のうち，全国に341の2次医療圏（構想区域）に着目し，そこへのマーケットアクセスをいかに進めるかを戦略の柱に据えなければいけません。これに伴い，製薬企業のタッチポイントにも変化が生じます。これまで臨床医中心だったMRの訪問先は，自治体の医療政策担当者や保険者，地域の医師会・薬剤師会などに目配せしなければなりません。さらに言えば，介護施設やホームヘルパー，ケアマネジャーなども重要視されます。これだけみれば，これまでのMR活動という枠組みでは想定できない部分もありそうですし，MRという名前も将来変わるかもしれません。

◆ MR減少時代に，変わるデジタルマーケティング： ビッグデータやAIの活用も

○古川　MRの活動の仕方や内容が大きく変わっていくのですね。

○沼田　そう思います。弊誌でも製薬企業各社のMR数について毎年統計を取っていて，国内のMR認定資格の保有者は約6万6,000人でしたが，2013年以降，減少傾向が強まっています。この傾向はしばらく続くでしょう。一方，より革新的な新薬が今後数多く上市されることを考えると，専門医がタイムリーでかつ，より深い情報を求めるようになる。そうなるとMRによるFace to Faceによる情報提供以外に，デジタルマーケティングが主流になるのではないでしょうか。例えばe-ディテーリングや，オウンドメディアなどを活用した情報提供が台頭すると感じています。

○古川　沼田さんはデジタルチャネルの研究会の講演でもお話しなさっていましたよね。

○沼田　はい。デジタルチャネルもこれから変わっていくと思います。

　デジタルチャネルは2010年を過ぎたころから急速に普及してきました。e-

34

ディテーリングや疾患啓発のためのホームページを立ち上げるなど，デジタルチャネルの黎明期だったと思います。今は時代が少し進んで，MRが対面型ではなく，インターネット回線を通じ，パソコンの画面を介しながらリアルタイムに医師と詳しい話ができるようになりました。

　さらに次の時代では，ビッグデータやAI（人工知能）の活用が進むと思います。それにより，例えば医薬品の使用例に基づく症例や，製薬企業の市販後の安全性データを解析して，病態や年齢，性差をAIで分析したりして，医師の問い合わせに答えていくようなサービスが提供されると考えます。製薬企業ごとに設置しているコールセンターの機能も多様化するのではないかと想像しています。

◆医療ICTやビッグデータの活用で医療の質向上，効率化も

○沼田　もう一つの軸として注目すべきは，国の進める医療ICT戦略です。これまで患者さんの診療情報は受診した病院や診療所の電子カルテにのみ蓄積

第Ⅰ部 対談編

されていました。これからの時代はIT技術を使い，地域包括ケア型に移行する流れのなかで，エリア内にある病院，診療所，保険薬局，医療従事者間で共有する流れになるでしょう。場合によっては介護施設も含まれます。各々の施設で患者さんの情報が流れてくるので，連続して診ていく必要がある。各施設をインターネット回線でつなぎ，電子カルテの情報以外にも，レセプトや検査・画像データなどをクラウド上に蓄積する。すでに長崎県のあじさいネットや，山形県のちょうかいネットに代表される地域医療連携ネットワークの構築も準備されており，地域やエリア単位で患者さんの診療情報や介護情報を追跡し，最適な治療やケアなどを提供する時代になると思います。

逆に，こうしたビッグデータを分析することで，疾患ごとの有害事象や合併症対策，さらにはポリファーマーシーへの対応などに役立つ時代がやってくる。患者さん一人一人のデータが蓄積され，その全体の傾向から，患者さんの病態や症状の予測もでき，例えば長期入院や再入院の高い患者さんの全体像が分析できるようになるわけです。

そういうものが可視化される時代になりますから，製薬企業としても自社の医薬品で治療を継続してもらうことが大きな課題になります。例えばエリアのなかにおけるリアルワールドデータと，製薬企業が持っている個別の医薬品の市販後の安全性データなどをマッチングさせて，地域で最も自社製品が使われるために最適な治療継続パターンを医師の先生方に情報提供しながら，一方では先生方にも地域のエリアで情報を共有してもらう。今後は，医療は多職種連携の時代になりますので，医師や保険薬局の薬剤師，訪問看護ステーションの看護師，介護施設のスタッフなどが，情報を共有して患者さんが安心して治療を継続していただけるようなデジタルツールを使った情報サービスが展開されていくと思います。

○古川　データを持つ主体はどこになるのでしょうか。

○沼田　それぞれだと思います。国はNDB（レセプト情報・特定健診等情報データベース）オープンデータを公開しました。2018年以降はこうした公的データをどんどん公開し，地域の行政官や病院経営者，医師会，保険者，そし

て製薬業界などと共有化させる流れになるでしょう。

　データの公開スキームも都道府県や2次医療圏単位になれば，地域ごとの診療情報や使用薬剤の実態が把握できるようになる。これからの時代の医療・介護の運営主体は都道府県に移ります。将来的な医療需要とそれに要するコスト管理などを行うわけですから，そこが一つ大きな軸になってきます。データの可視化は，各ステークホルダーの行動をも変容させる力を秘めている。病院経営者ならば，近隣の医療機関と比較して，自院の採用医薬品と使用量でコスト分析を行う流れができる。一つの薬効に複数の採用品目がある場合は，その一部の採用を取りやめることでコスト低減への流れを作るという発想も出てくるでしょう。これは一つの病院事例ですが，エリアや医療圏に応用させることで，医療費や薬剤費を管理する流れも起こらないとは言えないですよね。製薬企業のマーケッターもこうした時代の変化に備えることが求められています。

◆地域で専門医の先生と患者さんをマッチングさせる仕組みの構築を

○古川　地域の医療提供体制の変化に対応した営業・マーケティング体制に変更する製薬企業も増えてきましたね。

○沼田　そうですね。今各企業は悩みながら取り組んでいます。RAC（リージョナル・エリア・コーディネーター）という専門の人材を置いて，担当エリアの患者さんの動向などの情報を集め，それを分析して営業施策に落とし込むことを始めた製薬企業もあります。

　それ以外にも，例えば営業本部のなかにエリア・コーディネーターやエリア・マーケティング・プランナーなど，名称は異なりますが，キーアカウント・マネージャーのような役割の人材を置いて，エリア分析やエリア戦略を立てる取り組みを始めていますね。

○古川　そのように環境が変わっていくなかで，患者さんと製薬企業のかかわりは今後どうなっていくと思いますか。

第Ⅰ部 対談編

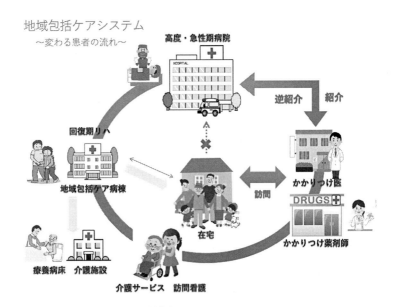

作成・提供：Monthlyミクス編集部。

○沼田　大事なテーマですね。製薬企業のステークホルダーのなかでの患者さんは重要になると思います。

　地域包括ケアでは地域の住民に対して，医療や介護のアクセスを改善していくことも目的の一つです。であるならば，地域の住民が，仮に病気になった場合に，どの医療機関にかかればよいかを行政サービスとして情報提供することが求められます。これは自治体が医師会や保険者，健保組合，国保を含めてやるべきことだと思います。

　大事なことは，地域の患者さんが，それぞれ罹患している疾患に強い専門医にアクセスできるようにすることです。これまでは，圏域を跨いで他県の大学病院まで時間をかけて通うこともあった。これを地域完結型にすることで，医療サービスの向上と患者満足度の向上を図る行政サービスをさらに向上させるという究極の目標を目指さなければならないというわけです。

○古川　DTCでも最近，製薬企業によっては疾患啓発だけではなく，患者さ

んに寄り添っていく，という姿勢で実施していく方向にも変わってきています。本来の姿だと思います。

○沼田　そうですね。DTCはその意味でも大事な役割を持っていると思います。患者さんに直接的なリーチはできませんが，企業としてのカラーが見えるマーケティングツールの一つです。ターゲットは各地域によりますが，地域ではそれぞれさまざまな課題を抱えていますし，ある地域に対して自社の医薬品が非常によいパフォーマンスを発揮することもあると思うのです。地域のなかで各企業として何ができるのか，DTCは地域に対して自分たちができることを示す，一つのきっかけになると思います。むしろそういう活用をお願いできたらと思っています。

◆製薬企業に求められる「健康」「医療」「予防」という 幅広い視点での取り組み

○古川　DTCもだいぶ変わってきました。製薬企業が入会している疾患啓発（DTC）研究会では，初期のころは少なからずDTCは企業が製品を売るためのツールの一つという捉え方だったのです。しかし，考え方も変わってきて，今は患者さんのため何ができるかという視点で統一されています。研究会の代表が設立時から話していることですが，DTCには大義が必要だと。大義を踏み外したとたんに，社会から批判を浴びるリスクも出てくるし，そうなると当該企業だけでなく，製薬業界全体が批判されることになると指摘しています。

○沼田　同感です。生活習慣病治療薬が市場の中心を占めていた時代では，医薬品の発売直後にはすぐに売り上げを最大化するという目標のもと，コストや資源を集中投下して，売上を早期にピークまで持っていくという傾向がありました。しかし，ここ最近の新薬は，がんや免疫疾患，中枢神経系を初めとするスペシャリティ領域の医薬品が多くなってきて，医師がかなり慎重に投与する，非常に扱いの難しい薬が増えました。ですからひと昔前のような売上の立ち上がりを重視するというより，しっかり市場に根付かせていくという流れに

第Ⅰ部　対談編

切り替わってきています。

　そのときに，実際の膨大な臨床データ，すなわちリアルワールドデータであるからこそ，少数例や一部の症例を取り上げるのではなくて，すべてのデータのなかからものを言うような時代に変わるわけです。製薬企業は大義を示すべきではないかと思いますね。それを患者さんも感じていただければ，互いの信頼感を生み，この薬は非常によい薬だという評価が，医療者だけでなく患者さん含めて医療全体で価値を高めることにつながる。製薬企業の価値を高めることになりますから，そこにつなげられるようなマインドに変えていってほしいというのが私からの強い期待です。

　一方，製薬業界ではエリア・コーディネーターを配置したり，医療ICTやビッグデータを活用したり，取り巻く環境が激変し，混沌としています。さまざまな人たちにプレッシャーがかかり，どうしてよいか分からないとみなさんよくおっしゃるのですね。ここからもう少し冷静にものを考えて，本来やるべき製薬企業としての大義について地域や地域住民に対しても考える必要があると思います。

　もう一つ大事なことは，健康から医療，予防，日常生活という幅広い視点でものを見る必要があるということです。「未病」という概念です。そこに製薬企業も入っていくべきではないかと思います。予防という視点でいうと，例えば糖尿病の重症化予防は重要なことですし，認知症はまさに発症予防が重要でして，少しレンジを広く持って取り組む必要があります。

　また，それらの治療の際にはこの医薬品が革新的だから，それを販売している製薬企業を信じようという，社会的なムードになっていかなければいけないと感じます。今までは“点”でものを見ていましたが，少しレンジの広い“面”で見るという考え方に転換する必要があると思います。

◆医薬品マーケットは"新薬市場"と"エッセンシャル市場"の2極化へ

○古川　そういう考え方にシフトしているのは皮膚科や眼科，産婦人科などの疾患領域に特化している専業メーカーですよね。上層部の考え方が変わってきています。薬だけではなく，疾患領域で貢献していくという考え方で，中期的な展望で考えています。

○沼田　もう一つ大きな変化として指摘したいのは，製薬企業のビジネススキームが変わるということです。例えば日本の製薬企業は，今まで新薬，長期収載品，後発医薬品（ジェネリック）を扱っていて，それぞれ一見すると市場に区分けがあるような感じがしますが，実はそんなに大きな区別がなかったのですね。ところが薬価の毎年改定や地域包括ケアへの移行，18年4月の診療報酬・介護報酬の同時改定が控えていますけど，そういった制度改革の波が押し寄せて来ると，自ずと"新薬の市場"と長期収載品，後発医薬品（ジェネリック），基礎的医薬品を軸とする"エッセンシャル市場"とに分かれ，2極化が進むと推測しています。

　ただ，新薬の層はこれまでと同じように先生方に安心して使っていただけるような情報提供をするマーケティングの仕方で，あまり変わらないと思います。シェア・オブ・ボイスではなくて，MRとデジタルを組み合わせて行う従来型のさらに進化形になるのではないでしょうか。

　一方で長期収載品，ジェネリック，基礎的医薬品は"エッセンシャル市場"になり，ガラリとマーケットが変わると予想しています。

　エッセンシャル市場は，まず薬価の毎年改定が行われることで薬価が下がり続けますから，製品を販売する製薬企業としては，そこに人的リソースの配分ができなくなる。ですから，最低限の少数のMRとデジタルを組み合わせて情報提供をするとか，リアルワールドデータを活用して国が公開するデータと，今まで自社で蓄積してきたデータをマッチングさせて，市場をつないでいく役割を果たすという方法もあると思います。

第 I 部　対談編

　もしくは，実は医薬品卸が地域に最も根付いていて，地域の実情や市場にも詳しいので，とくに在宅市場やこれから製薬企業が出て行く市場には，MR と卸と一緒に協働していくようなことも一つの方法としてあると思います。

　医薬品卸は今デジタルを駆使した活動をしていて，病院の省力化や病院の効率化などをサポートしています。そして，デジタルメーカーや IT メーカーと協力しながら，さまざまなデジタルツールを開発して，それを医療機関にサービスとして提供したりして，地域サポート型の医療をいち早く提供しています。

○古川　随分前からですよね。社員が中小企業診断士の資格を取ったり，経営セミナーを地域で開催したりしています。

○沼田　はい。そういう意味では地域型に早い時期に舵を切ったのは医薬品卸で，さまざまな施策を考えているなという感じがしています。

◆急速に進む地域間での患者情報の共有： マイカルテの所有が可能な時代に

○古川　難病患者さんの場合，地域でどの先生がその難病の治療薬を多く処方しているかといったデータがあれば有難いですよね。

○沼田　そうですね。デジタルデータの蓄積や開発がこれから進むと，医療ビッグデータとか，医療 ICT，医療 IT へと進んでくる。個人情報保護法が改正されましたけど，患者さんの情報を匿名化してデータとして活用しようという動きも今後出てくると思います。

　その一つとして，PMDA が構築した「MID-NET」という医療情報データベースがあります。MID-NET は全国の 10 拠点と 23 の医療機関のレセプト，電子カルテ，オーダーリングシステム，検査画像のデータを全部含んでいるデータベースです。10 拠点の病院の関連施設が 23 施設ありますが，難病患者さんを特定したいときに，そこにどのような症例の方がいるかというのも把握できるのですね。

　すると，例えばそのデータを厚労省と製薬企業が共有して，自社でこれから

対談Ⅲ　製薬業界を取り巻く環境は，極めて大きな転換点にある

開発したい難病や特殊な疾患の薬に関して，そのパネルを活用して治験をして開発をするといったことも考えられます。ただし患者情報まで公開するかというと，多分しないと思うので，あくまでも製薬企業が何らかの臨床研究を行うとか，治験を実施するときに活用できるということです。

　もう一つは，副作用や有害事象の情報が自動的に抽出されますから，未知の副作用情報も把握できるようになります。高齢者が増えて，プレファーマシー，すなわちさまざまな疾患を合併する人が増えましたので，今までは，例えば循環器疾患だとその疾患のなかでしか調べられていなかったのですが，循環器疾患の薬を服用している患者さんが眼科疾患で懸念されるような副作用が出ていないかどうかも分かるのですね。今までよりも，かなりきめ細かい副作用情報の解析ができます。これがリアルワールドデータの活用法の一つになってくると思います。

　一方，患者さんに対しては，ここからは推測になりますが，地域の２次医療圏のなかで，構想区域の単位で情報提供をしていくとか，地域でデータを共有することもできる時代になると思われます。患者さんが「この先生に相談してみようかな」というような情報提供の環境整備は進んでいくような気がします。

○古川　医師会は反対しそうな気がしますが。

○沼田　以前と比べると医師会も変わりましたよ。先日，日本医師会の役員の方にお会いしましたが，これだけネット社会が進んでいますので，医師会も変わらざるを得ないとおっしゃっていました。そのなかで，患者さんのためになる範囲で自分たちもそのような方向に行かなくてはいけないと。そういう意味では，例えば地域のなかで病院がもつレセプトデータや電子カルテの情報を，近隣のクリニックが共有できるようになってきています。

　先述しましたが，長崎県には「あじさいネット」という診療ネットワークがありますし，47都道府県には地域医療連携ネットワーク協議会が設立されています。ここに県ごとに病院が入っていまして，県のその病院の医療情報を地域と共有しようという動きがあります。とくにクリニックとか保険薬局とか訪

第I部 対談編

問看護ステーションまで含めて，かなり情報の共有は進んでいますね。

　今後はこのような取り組みが全国的に広がっていくと思います。すると自ず
と情報共有の仕組みができ上がってきたときに，ネットワークが自然発生的に
構築されます。国内の大手ITベンダーが提供しているプラットフォームでも
お互いのデータを共有できるようになりつつありますし，医療機関がそのネッ
トワークにつながりたいと望めば，実現できる環境は整ってきています。

　2020年くらいには，おそらく県，あるいは構想区域の2次医療圏単位でい
けば，日本でも多くの地域医療連携ネットワークができ上がってくると推測し
ています。そうなれば患者さんも自分で電子カルテ，マイカルテなどを所有し
て，必要なときに必要なデータを入手できる時代になるかもしれません。

対談 Ⅳ

難病患者と専門医・研究者をつなぐプラットホームが目標

対談者：香取 久之

第Ⅰ部 対談編

　香取氏は製薬会社に勤めていた時代に，マーケティングの社内勉強会に同僚から誘われて参加した際に講師として招かれていた著者と知り合う。その後，コールセンターの立ち上げ責任者を務めるなど，製薬企業のなかで重要な役割を果たしてきた。そこで経験したことと，難病患者としてのご自分の経験をもとに医師・研究者や医療機関，行政，製薬企業等と患者さんや家族（当事者）をつないでいくことがもっとも大切なことだと気づかされたと話す。

香取 久之（かとり・ひさゆき）

特定非営利活動法人 希少難病ネットつながる（RDneT／アールディネット）理事長
1987年に発症して以降，アイザックス症候群や線維筋痛症（FM），複合性局所疼痛症候群（CRPS）など複数の疾患を併発。1994年に大塚製薬株式会社に入社し，MR（医薬情報担当者）やコールセンター立ち上げ・運営・スタッフ教育業務等に従事。アイザックス症候群の患者会を設立し，活動を行うなかで7,000疾患におよぶ国の支援対象とならない希少難病の存在を知り，約20年間勤務した大塚製薬を退職して活動を開始。2015年1月に希少難病ネットつながる（RDneT／アールディネット）を設立。「繋がり・寄り添い・支え合い・共生する」をキーワードに真にノーマルな社会を創ることを目標に日々活動を進めている。

◆表に出てこない患者さんの声や想いを形にして伝える

○香取　私の病名は，疑いも含めてアイザックス症候群，線維筋痛症（FM），複合性局所疼痛症候群（CRPS），筋痛性脳脊髄炎／慢性疲労症候群（ME／CFS）などです。以前，希少難病であるアイザックス症候群の患者会の副代表を務めていまして，厚生労働省の研究班を作ったことで研究奨励分野の一つになり，その流れで2015年の7月に指定難病になりました。

　ただ，私の場合，症状はアイザックス症候群の要件を満たしているのですが，筋電図検査で異常所見が認められず，あくまで疑いなのです。すると難病手帳（指定難病受給者証）はもらえない。さらに，痛みや異常感覚，痙攣，極度の疲労感などは数値化することがなかなか難しいため，障害認定もされないわけです。

　ですから国の制度上は健康な方と一緒という扱いになる。実は私のような難病患者さんは沢山いて，見た目でも分からないから難病であることが表に出てこない。そしてみなさん私と同じように生きづらさを感じている。

　そこで，バーチャルならびにリアルな交流など患者さんの居場所を作って，表に出てこない患者さんの声や想いを形にして伝えることが大事だと考えたのです。また以前から，本来は難病患者さん自らができるはずなのに，制度に頼りすぎていると感じているところもありました。

　制度で折り合いがつくところは制度に頼ってもいいし，政治家などに相談して制度等を変えていただくことはよいことですが，それだけでは難病患者さんにとって生きやすい社会にはなりません。

　また，身体が動かなくて患者会が作れない病気もありますし，患者数が極端に少ないために当事者同士が出逢えず，コミュニティさえ作れない人たちがいる。そこで病気や障害の種類に関係なく，横断的につながることができるコミュニティの実現を目的に「希少難病ネットつながる」を設立して，活動を始めたわけです。

○古川　すべて手弁当でなさるって本当に素晴らしいですね。

第Ⅰ部 対談編

○香取　私自身が難病当事者であり，既に退社していますが，製薬企業で MR として働いたことで医療現場の表も裏も知りました。また，本社でのコールセンター部門勤務時代には患者さんや家族の声を直接お聴きし，当事者として自分にやるべきことがあるとずっと思っていました。

　私は 17 歳のときに病気を発症しましたが，実は全く病名がつかず，病院をたらい回しにされていました。その当時は医療業界のことは全く分からないし，親が全く理解してくれず，「両親も弟も健康なのにお前だけ病気のわけがない。気合いが足りないだけだ！」と言われました。

　本当にそうかなと疑問に思いながら，辛い症状を我慢し続けていましたが，ある時，これは違うと感じました。それで医療機関を受診し始めたわけです。「医者は理解してくれるだろう，病名もつくだろう」と期待しましたが，残念ながら結果は全く逆でした。まともに顔を見て話も聴いていただけず，最終的には「気のせいです。精神的なものです」といったことを言われ続けたのです。そして数 10 カ所の病院をたらい回しにされました。

◆病名を知ったのは発病から 17〜18 年後

○古川　どのような経緯で製薬企業に入社しようと決めたのですか？
○香取　大学は東京農工大学の工学部に進学したのですが，卒業する時期はバブルがはじけた数年後で，就職がかなり厳しくなっていました。それまでは研究室に入ればほとんど就職活動をしなくても教授のコネクションで企業に就職できる時代だったのですが，文科系の学生と同じように就職活動をしなければならなくなりました。

　病院をたらい回しにされた経験から，自分がもし医者だったら，もっと親身になって患者さんの話を聴くだろうなという想いがずっとあって，医学部に入学し直そうかとも考えたのですが，医学部に行って医者になれる保証もない。それで医療に関係している企業の入社試験を受けようと思ったのがきっかけです。

最初に就職が決まったのが製薬企業でした。入社すると営業部門に配属になって，この身体でMRをすることになりました。でも勉強になりましたし，その経験がなければ現在の活動は絶対していないですね。

その後，病状が悪化してしまい，車の運転にも支障をきたす可能性が出てきたため，自ら希望して本社に異動しましたが，当時もまだ病名がつかない状態でした。数年後，産業医経由で東京医科歯科大学神経内科教授（当時）の水澤英洋先生の外来を受診することになりました。「どうせ今回も病名はつかないだろう」とあきらめていたのですが，診察開始から1，2分で「これは間違いなくアイザックス症候群ですよ」と言われたのが2004年の7月か8月のことです。

○古川　それほど前のことではないのですね。

○香取　病気の症状が出てから，病名を告げられるまでに17〜18年かかったことになります。

あきらめていたところに，病名がついたわけです。私と同じ病気の人もいるのかなと思い，SNSで調べたら3，4人のグループがあって，それが同じ病気の患者さんと出逢うきっかけですね。

この病名が難病情報センターのデータベースにないということは，制度上，日本には存在しない病気とされていたわけですから，研究班などを作る必要がある。手始めに患者会を作って，次に親身に研究をしてくれる専門医と厚生労働省を結びつける必要があると考えました。

そして2010年に「アイザックス症候群りんごの会」という患者会を立ち上げて，私が副代表に就任しました。今も患者であり元看護師の方が代表を務めていますが，代表と私が中心となって政治家の先生に相談をしに行ったり，厚生労働省と研究者をつないだり，署名活動を行うなど，さまざまな働きかけをしました。その流れで2012年に研究奨励分野になり，2015年7月に指定難病になったのです。

でも私はアイザックス症候群だけでなく，筋痛性脳脊髄炎（慢性疲労症候群）など他の疾患も抱えています。さまざまな疾患の患者さんや家族との出逢

第I部 対談編

いをとおして，「一つ一つ指定難病を勝ち取ることも大切だけど，自分には他にもっとやるべきことがあるのではないか。そもそも希少疾患は約 7,000 種類あり，病名もつかない人も含め，同じように生きづらさを感じている多くの当事者がいる。その想いや声を何とか形にしたい」という想いを強くしていました。

　ちょうどそのころ，東日本大震災が起きました。これが大きなきっかけとなり，気持ちのスイッチを入れ変え，2013 年の 6 月に約 20 年間勤めた製薬会社を辞めて，現在の活動を始めたのです。

◆製薬企業で経験した仕事をきっかけに，
　患者さんや家族のためにコミュニティサイトを構築

○古川　製薬企業の多くは「患者さんのために」とスローガンは掲げても，現実的には直接的な働きかけがかなり制限されるので，難しい面もあります。

○香取　医師法や薬剤師法などがあり，直接患者さんにアドバイスをしたりはできません。コールセンターの仕事にかかわったときも，話し方にすごく気をつけなければならなかった。

　だから MR として働いていたときも，充実感はあるのですけど，歯がゆい思いがありました。そのため，自分たちの知識とかスキルとかを直接患者さんに生かせるものはないかな，とずっと考えていたのです。

○古川　製薬企業は患者さんとのコミュニケーションの手段の一つとして，DTC のプログラムを提供していますが，さまざまな業界自主規範による制約もありますよね。

　製薬企業が患者さんとコミュニケーションを行う際には透明性が保たれていることが原則です。なおかつ営業とかマーケティングなどの部門が直接患者さんにアプローチしていくと，自社製品に誘導しているのではないかという懸念をもたれたりします。その懸念を払拭し，透明性を証明するために，外資系製薬企業などでは社内に営業に関係しない専門の部門を作って，患者さんとコ

ミュニケーションを図っています。

　ですので，特定の自社の医薬品に結びつけるための活動ではない，患者さんのための活動ですよと言っても，結局，社会はそういう目で見てくれないことがあるのでジレンマも抱えている。製薬企業はどこも，そこの線引きで苦労していると思います。

○香取　その辺については，昔から外資系のメーカーさんなどはコールセンターを社長直轄の部門として位置づけ，マーケティング部門とすぐに横の連携が取れる組織作りが行われていますよね。

○古川　消費財のメーカーだったら当たり前にやっていること。消費者の声は宝の山として，コールセンターの持つ情報が非常に重要視されていますし，企業の役員がこの情報を定期的にレビューすることも多いですね。

　製薬企業もそうなりつつあるのでしょうが，まだまだ道半ばという現実もあるのではないでしょうか。

　DTC の話をしますと，初期のころには，患者さんへの情報提供活動の受け皿として，DTC を実施してもコールセンターを設置しないケースが結構あっ

第I部 対談編

たのです。結果として，テレビCMや新聞広告を展開すると，当然患者さんの反響が大きく起こるわけですが，どこに連絡していいか分からないということになってしまう。

その後，多くのDTCでコールセンターを設置するようになってきたのですが，製薬企業の場合は，患者さんから病気の相談があっても，回答が少しでも規定から外れてしまうと診療行為にあたってしまうので，それは極力避けなければならない。

日本にもメディカルコールセンターがあり，医師も看護師も保健師もいるし，健康相談にのったり，ある程度医学的なことについては答えられます。最近ではDTCを実施するときに，メディカルコールセンターを一緒に開設して，患者さんからの声に耳を傾け寄り添っていくという体制になりつつあります。

○香取　難病を発症した当時は藁をもすがる思いでクリニックや大学病院に行くだけでした。痛みがあると整形外科やペインクリニックに行ったりしますが，今思えば，私は最初のアプローチが完全に間違っていたわけですね。製薬企業に入社して，それを思い知らされました。本来は神経内科や膠原病内科に最初から行くべきだったのです。

でも，一般の患者さんはそんな感覚はないですから，大学病院や地域の大病院に行きます。しかし，専門医とマッチングしない。そして「それはストレスですね」とか「異常ないですね」と言われて，病院のたらい回しに遭う。

そこで，病気や医療機関の情報を検索して調べられるデータベースがあればいいなと考え，患者さん，家族，当事者を支援してくれる人みんなが利用できる専用のSNS「RD-Oasis（アールディオアシス）」を当法人で作りました。

今後データがもっと膨大な量になっていけば，百発百中ではないですが，例えば病院検索システムで「アイザックス症候群」という病名を入れたら「東京医科歯科大学神経内科」などの施設名が検索結果として出てくるようになるでしょう。自分の勘だけで行き当たりばったりで病院に行くよりも，同じような疾患を持つ人たちがすでに受診している，または受診していた病院ですから，

専門医とマッチングする可能性が高まるのではないでしょうか。

ただ，まだ難しい面もあります。検索結果で出てきた病院に行ったとしても，そこで自分の病気を専門としている医師に診てもらえるかというと，実はそう簡単ではありません。とくに神経内科は医師の専門分野が異なれば違う科ではと思える場合もあります。例えば，脳卒中（脳血管障害）と神経難病（神経変性疾患，神経免疫疾患など）では全く分野が異なります。医師の間でうまく連携を取ってくれればいいですが，そうでないと結局診察した医師が病名さえ知らない，ということになる。

実は私は，希少疾患も含め専門医についての情報を一番多く持っているのは製薬企業の MR だと思っています。直接医療現場を回って，医師との人間関係も構築している MR の情報（知識や知恵）を横断的に集約して，プラットフォーム化しそれを活用できれば，患者さんと医療機関のミスマッチなども防げるようになると思います。私一人ではできないですけど，それを何とか実現できないかなと考えています。

◆難病全体に関する情報提供体制が急務
「患者さんと専門家をつなぐのが私の役目」

○古川　最近，DTC を展開するときに，必ず製薬企業はまずその疾患の患者さんのインサイト調査を実施してペイシェントジャーニーを考察します。

長く患って一生付き合う必要のある病気の場合，適切に治療されてなくて，病院のたらい回しに遭っている患者さんが多いですよね。製薬企業はそういう患者さんに直接アプローチをして色々な情報を伝えていきたいと考えるのですが，なかなかそれができない状況で皆さん悩んでいます。

○香取　難病患者さんは，療養上の不安や日常生活での困りごとなどの悩みをまずどこに相談したらよいか分からないのが現状です。難病相談支援センターが都道府県に一つずつあり，東京でしたら東京難病団体連絡協議会が患者さんの相談にのっていますが，地域や人によって，対応の仕方や提供する情報の質

香取氏が代表を務める「希少難病ネットつながる」では、ヘルプマーク/カードの普及推進にも取り組んでいる。

にもバラツキがあります。

○古川　難病について情報を一元化して患者さんの相談にのる必要がありますね。

○香取　でも，実際は医者や研究者がどこにいるか分からないから，つながることができないのです。そこで私は患者さんと専門家をつなぐのが役目かなと思っているのですよ。そのためには患者さんにそういう居場所を作ることが大事。そこで現在，患者さんの想いや声を広く社会に伝えることを目的に，大阪大学人間科学研究科の山中浩司教授らと共同で社会学的研究事業を行っていまして，今年度で4年目になります。この研究は希少疾患や病名不明の患者さんおよび家族の方々が，社会的制度の狭間や社会的認知の不在によってどのような生活の困難，医療や社会についての想い，病気やご自身の生活についての不安や想いをもたれているかを直接お会いして聞き取り，そうした情報や気持ちを社会に発信し，また互いに共有し合うことを目的としています。なお山中教授の研究室では，希少疾患のみならず，例えば大阪府のあいりん地区における日雇い労働者の問題も含め，さまざまな社会課題を研究しています。

○古川　希少疾患の新薬開発を行っている製薬企業はみな，患者さんがどこにいるのかわからないので，臨床試験等でも困っていますよね。でも，これだけインターネットが発達しているわけですから，その仕組みをうまく作れば香取さんがおっしゃったように一気に解決しそうですけどね。

○香取　そこなのですよね。行政に頼りすぎると縦割りなので取り組みが広がらず，ことが進まない現実がある。でも，私は諦めずに自腹でやってきたところ，さまざまなところから声がかかるようになりました。まだ詳しいことはお話できないのですが，難病患者さんの地域支援体制に関する研究班にも関わっ

ていく予定です。今後はかつて自分が働いていた製薬企業にも恩返ししたいですね。

ある製薬企業の広報部に知り合いがいまして，たまに話をすると，本当のCSR，CSV はこうあるべきとよく理解していながらも，実は何も実施できないと言うのです。私みたいに幅広く，横断的に活動していると，支援しようにも会社からの決済が下りない。「当社の医薬品と全然関係ない」ということで認めてもらえない。

そこで私はその方に，本当に患者さんや家族のために活動している団体に適切な支援がいくよう，製薬企業で基金や財団を作ることなどを提案しました。

○古川　薬害救済ではそのような仕組みできていますからね。ぜひ実現してほしいですよね。

○香取　製薬企業は高い利益を出していますから，本当に社会に還元するというのであれば，やはり不公平感が出ないように，ある企業が特定の団体を支援するのではなく，各社で資金を出し合って，公正に審査して，支援先を決めればいいと思います。

○古川　そうですね。基金みたいなものを作って，そこに売り上げ規模等に応じて資金を投じて，そこできちんと審査をしていくようなことができるといいですね。

◆求められる患者さんと医師のミスマッチを防ぐプラットフォーム作り：製薬企業の MR が持っている情報の共有と活用を

○香取　話は変わりますが，私はもっと薬剤師に活躍してほしいと常々考えています。

薬学部は 6 年制になりましたけど，社会的な地位や役割はあまり変わっていませんよね。

実は当法人の副理事長である清水竜は薬学博士であり，脊柱靱帯硬化症という難病の当事者でもあるのです。彼は東京都脊柱靱帯骨化症患者会の会長や東

第 I 部 対談編

難連の理事をしており，全国に約 200 店舗の保険調剤薬局を展開している会社の取締役も務めています。「薬剤師はこのままだと存在意義がなくなってしまう可能性がある。本当の意味で薬剤師が患者さんの役に立てるレベルに引き上げていかないといけない」という危機感を彼は強く抱いています。

○古川　本来はそのような目的があって 6 年制に移行したはずですよね。だから卒業の単位取得のために臨床経験の義務化も入ってきましたよね。

○香取　ただ，患者さんたちも勘違いしている部分はある。病名は処方箋には記載されていないので，保険調剤薬局の薬剤師は処方されている薬から患者さんの病気を推測するしかない。一方，患者さんの側では，薬剤師は自分の病気のことを分かっていると思い込んでいる人も多い。

　昨今の現状を踏まえて，「難病専門薬剤師」のような認定制度を作ってみたいという話もしています。例えばある患者さんがずっと同じ薬を飲んでいても全然効いてないようなケースで，患者さんに話を聴けば，ひょっとしたら難病かもしれないとかいう話になるかもしれません。患者さんに違う選択肢を提示できるぐらいのレベルの薬剤師が育ってくれれば，本当にいいなと思うのです。

　医師はとても忙しいし，薬のことを勉強するにも限界がある。だから薬剤師がもう少し医師と対等な立場になればいいと思っています。

○古川　最後になりますが，患者さんとして，製薬企業が患者さんと接するときにこうしてほしいという要望はありますか。

○香取　本来は国がやるべきなのかもしれませんが，患者さんや家族からの薬や症状に関する問い合わせに対してハイレベルな対応ができる相談窓口を一つ業界をあげて作ってほしいですね。難病相談支援センターがありますが，機能していない部分もありますし，応対については製薬企業のコールセンターは非常に高いスキルを持っています。製薬企業が協同して，質の高い相談を受けられる窓口を作っていただけたらいいと思います。

○古川　それはいい提案ですね。

○香取　それから先述した製薬企業の MR が持っている情報の共有と活用を

進めてほしいですね。かなり難しいとは思いますが。

○古川　特定の企業に偏らなければいいのではないでしょうか。

○香取　そうですね。

○古川　何か器を作って，データベースを作成したらいいですよね。

○香取　例えばMR個人が自分の知識や経験をデータとして記録できるプラットフォームがあれば，それをデータベース化することによって，今困ってる患者さんや家族が一日も早く医療・福祉とのミスマッチを解消できる可能性があります。

○古川　それは特定の企業ではなくて第三者的な機関がニュートラルに扱えばいいわけですね。

○香取　先述した相談窓口も，そのデータを活用できる仕組みができるといいと思います。100%ではないですが，「その症状ならこのクリニックのこの医師が詳しいので，事前に電話などで確認してから受診してくださいね」というようなアドバイスができれば理想的だと思います。

対談 V

将来，患者さん一人一人に寄り添う形の情報提供へ

対談者：加藤 和彦

第Ⅰ部 対談編

　外資系の製薬企業や食品メーカーを経て，エビデンスに基づいたマーケティング支援サービスを提供するベンチャー企業を立ち上げた経験をもつ加藤氏。20年以上も前から，患者さんへの情報提供やコミュニケーションのあり方を模索してきた同氏の目に，インターネットやIT技術が進歩した現在はどのように映るのか，今後の方向性や可能性について話していただいた。

加藤 和彦（かとう・かずひこ）

あすか製薬株式会社　取締役常務執行役員（開発本部長，創薬研究担当）
1985年4月，エスエス製薬株式会社入社。アベンティス ファーマ株式会社（現サノフィ株式会社），マースジャパンリミテッド，アムジェン株式会社などを経て，2007年2月から株式会社イーピーエムズ代表取締役社長。2014年7月にあすか製薬株式会社常務執行役員，2015年6月に同社取締役常務執行役員（マーケティング本部長，研究開発担当，信頼性保証担当），2016年6月から現職。

◆フランスの患者会での議論から刺激受け
　エビデンスに基づく客観的データの重要性を実感

○加藤　大学を卒業してエスエス製薬に入社した後，当時の RPR 社に転職しました。その後，食品会社（マースジャパン）でキャットフードのブランドマネジャーを担当しました。ペットフードは消費者とダイレクトにコミュニケーション可能です。その経験から医薬品市場での DTC の必要性を感じていました。20 年くらい前の話で，まだ DTC という言葉も馴染みがない時代です。その後，アムジェンに転職してからある疾患の患者さんをサポートしていくための情報提供ができないか，古川さんに相談させていただきました。

○古川　今となっては，その当時の議論はプロトタイプですね。あのときに作った概念図は今も使わせていただいています。

○加藤　患者さんに医療に関する良質な情報を直接届けることにより福音をもたらすというような考え方で，古川さんと一緒にプログラムを考えました。結果的に色々あって実施には至りませんでしたが，今考えても非常によいプランだったと思います。

○古川　それからしばらくして，加藤さんがイービーエムズという会社を立ち上げられて，そのときに連絡をいただいたのですよね。きちんとしたエビデンスに基づいて患者さんとコミュニケーションをしていくことが重要だとお考えで，将来的に日本もそうなるから事業として取り組んでいきたいというご相談でした。やはり先見の明がおありでしたね。

○加藤　そうですね，ちょっと早すぎましたか。

○古川　今ではもう必須ですよ。DTC で患者さんに向けたメッセージで用いる疾患に関するデータは，エビデンスのある客観的な正しいデータであることが必要不可欠になってきています。

　DTC に関しては，創成期のころから加藤さんは見識をお持ちで，しかも実践されていて，イービーエムズではそのエビデンスという部分で将来を見据えておられました。15 年前ということを考えると，これはすごいことですよ。

第Ⅰ部 対談編

○加藤 そうですね。何故そうなったのかと言いますと，RPRのフランスオフィスに勤務していたとき，更年期障害の治療薬を担当していました。女性の更年期障害は当時の日本ではあまり積極的には語られていなかったと思いますが，フランスでは同じ疾患を持った患者さんの会合を製薬企業が企画し，患者さんがそこで活発にディスカッションをするのです。

　フランスでは国民性だと思うのですが，患者さんが自らの経験を素直に語り，男性が聞いているともう恥ずかしくなるような話ばかりでして…。更年期障害がテーマだったのですが，女性の患者さんたちがご自身の夫婦生活のこと，とくに治療を受けてからの変化について包み隠さず話し合っていました。製薬企業はそのなかで薬の使い方のサポートや安全性の話をしたりしますが，医師が不在のなかで患者さんと製薬企業が直接対話をするというのは，日本では当時全く考えられなかったことでした。

○古川 全く無理ですよね。

◆ DTCとの出会いはC型肝炎患者に対する疾患や 治療方法の啓発活動の模索から

○加藤 そもそも日本は患者さんを集めたところで，オープンに自分についての話はほぼしないですね。フランスの患者会での議論を見たときに，「更年期障害は無理だけれども，他の疾患ならできるのではないか」と思い立ち，当時担当していたC型肝炎患者さんに対し，インターフェロンや疾患に関する情報をどうやって提供するかを古川さんに相談しましたね。それがDTCとの出会いの始まりです。

○古川 初期の着眼点というのは素晴らしい。

○加藤 もう20年前ですかね。

○古川 加藤さんの場合は米国ではなく，欧州でそのようなご経験をされたというのは素晴らしいことだと思うのですね。米国は「DTC」イコール「DTC広告」で，マスメディアの広告を偏重した消費財と何も変わらない。なおかつ

62

医療用医薬品のブランド名が出せるので，問題が起きて行き過ぎが何回も指摘されています。しかし，欧州では患者さんに寄り添うというか，製薬企業がサポートしていくという姿勢があります。それを体験されてきたから，その当時から分かっておられたのですね。

○加藤　製薬企業には売り上げを伸ばさなくてはいけないという命題がありますが，どうやってそうした要素を抜きにして疾患や治療に関する良質な情報を患者さんに提供できるのか，どの企業も課題を抱えていると思います。

　企業として真摯な態度できっちり正確な情報を提供する。自社の薬の宣伝ではなく，「インターフェロンを含めて，C型肝炎の薬の種類はさまざまあります。そのなかでこれがよいです」という提案ではなくて，「患者さんの容体によって薬は使い分けるものです」という情報を患者さんに提供できないかと，いつも話していました。

○古川　今では多くの製薬企業が疾患啓発サイトをごく普通に開設しますが，当時は，そんなことはとんでもない，という風潮でしたよね。だから色々なDTCの提案を製薬企業に持っていっても受け入れられませんでした。それに，露骨に「それをしたらうちの薬いくら売れるの」と聞かれたこともありました。

○加藤　難しいのは，DTCを実施すると他社の製品も売上が伸びてしまうことをどう判断するかだと思います。DTCを実施すると，トップシェアの企業の製品は伸びます。だから，シェアの低い企業がDTCを実施するメリットがあるのかどうかは議論があるところです。このことに対する解決策はあるのですか。

○古川　シェアが2番手，3番手の企業でもDTCは実施しておられます。シェアがゼロでも実施しています。それは製品力やMR力で優位性があるということですね。

　私はよく図を使うのですが，縦軸が「患者さんとのコミュニケーション」で，横軸が「医師とのコミュニケーション」で，面積として見せる図です。医師とのコミュニケーションは市場のシェアを表します。一方，患者さんとのコ

第I部 対談編

ミュニケーションは患者さんの数を表すのです。潜在患者の数もその図に含まれます。

どちらに課題があるかによって，どちらに比重をかけるかを総合的に考えるのです。シェアがたとえゼロでも，自社のMRがその疾患領域でものすごく強くて，製品のポテンシャルが高いものであれば，先行してDTCを始めて，患者さんの受診を促すのと同時にシェアも伸ばすことができるという戦略です。

○加藤　二つの軸のどちらかで自信があれば，そのやり方でやればいい。逆に製品力でもMR力についても自信がない場合は，DTCを実施するか否かをそもそもの部分できっちり考えなくてはいけないわけですね。

○古川　市場シェアが10パーセントしかなければ，それが突然大きく伸びることは難しいので，普通の判断でしたらDTCを実施することを躊躇するはずですよ。でもシミュレーションをしてみて，1年後に30％が40％，2年後に40％が50％に伸びそうだと想定できるのであれば，それは大きな経営判断としてDTCの実施もあり得るということですね。

自社のシェアについても企業は計算されますよね。このくらいのシェアであればDTCを実施する価値はある，実施を検討してみようか，みたいなものですね。

○加藤　これまではDTCはDTC，医師に対するプロモーションはプロモーションでしたけれど，現在は，医師にDTCを実施する意義や，例えばテレビで実施する時期などの情報を医療機関に伝えるのが必須です。それをやらないと「勝手に疾患啓発して，患者さんを増やされても現場が対応できない」と先生方からクレームを受けたりします。

○古川　製品の最大価値，最大売上につながらないですよね。綿密な計画・実施が必要ですね。

初期のころは，ある外資系のマーケティング本部長で「うちはMRを使えないからDTCを実施する」という意味合いの発言をされる方も見かけました。

○加藤　昔はそうでしたよね。MRが使えないからDTCを実施するという発

64

対談Ⅴ　将来，患者さん一人一人に寄り添う形の情報提供へ

想でした。
○古川　しかし，これは IMC（統合型マーケティングコミュニケーション）ですので，プッシュとプルの両方が連動して動かないと，最大効果にならないのですよね。

◆**患者さんのインサイトはさまざま：
　DTC で患者さんが動いたときにどこで何をすべきかが重要**

○加藤　MR による DTC の告知活動がない場合，先生方はいきなり患者さんが増えて臨床現場で戸惑われたと聞いたことがあります。製薬企業が DTC を実施することを事前に説明しなかったから，いきなり患者さんが増えて現場は混乱してしまった。対応ができなくなると他の患者さんを待たせることになります。
○古川　特定の疾患領域で自社の MR が強いと，事前に医師にしっかりと話もできますし，実施する意義を説得できるのではないですか。特定領域に特化

65

第 I 部 対談編

したメーカーはそこが強みですよね。あすか製薬も専門領域に特化されていますね。

○加藤　そうですね，おっしゃるとおりです。

○古川　DTC を実施すると同時に，同じくらいの比重で，どう MR を活用するかを考えることが重要です。

○加藤　以前，食品メーカーでキャットフードを担当していたときの話なのですが，ある調査では猫を飼う人の分類は 12 もあるという結果が出ました。これが犬だと 4 種類だったのですが。

　男性の一人暮らしで猫を飼っている人と家族で猫を飼っている人だと全くその猫に対する思いが違います。私がそこで学んだのは，キャットフードを購入する人にも，購入する理由は沢山あって，その理由に合わせて，ものを作っていく必要があるということです。材料はマグロがいいのか，鶏がいいのか，缶詰が良いのか，トレーがいいのかなど。

　DTC も同じで，患者さんが薬に求めていることは一人一人で違います。患者さんは何かのきっかけで病院に来ると思いますが，その流れを製薬企業がどこまで把握できるかですよね。1 万人患者さんがいると，1 万種類のニーズがある。DTC を実施した際に患者さんがどう動くのか，そのうちの何割動くのか，動いたときにどこで何をするのかを考えることが必要です。

○古川　患者さんのインサイトやペイシェントジャーニーを調べて分析するのはとても難しいのですが，その考え方をお持ちなのはやはりすごいですね。

○加藤　お薬を服用する人の理由はさまざまです。年齢や性別によって理由は微妙に違う。若い層が多いのであればこの層に対して何をするか。逆に 50 代でも服用する人がいるなら，ここの層に対して何をすべきかを考えるということです。

○古川　極端な話をすると 100 人患者さんがいたら，100 とおりのペイシェントジャーニーがあるわけです。それを幾つに類型化できるか，10 になるか 5 つになるかという議論をするための綿密な調査が何回も必要ですね。

対談V　将来，患者さん一人一人に寄り添う形の情報提供へ

◆これからの DTC のあり方とは…
「患者さんの気持ちに寄り添い，課題に対し解決策を示す」

○加藤　DTC の創成期は，患者さんの気持ちに立ってというよりは，顔の見えないターゲット，要するに患者さんを一つのかたまりとしてしか見ていなかった気がします。

　でも今は患者さんの気持ちになって，本当に自分がその疾患になったときに，どのような悩みを持っているのか，どうしてほしいのか，もしくは徹底的に疾患の恐怖や痛みを自分で再現して DTC を実施するという手法がだいぶ浸透してきたと思います。

○古川　まだまだ十分とはいえませんが。

　少し前までは DTC には一定の型があって，テレビ CM，新聞広告，市民公開講座，啓発サイトという疾患には関係なくコース料理のような決まった形がありました。「当社はどんな要素を入れようか，テレビでは何をやろうか，新聞広告では何やろうか」と考えますが，それは製薬企業の視点でしかない。製薬企業が都合よく考えたもので，本当の DTC というのは患者さんの気持ちを踏まえて，どこに課題があるのかを考え，その課題に対し適切な解決策を示してあげる。そういう積み上げでコミュニケーションの内容を考えて実施するのがこれからの DTC です。

○加藤　キャットフードを担当していたときは，キャットフードを購入した人の家にうかがわせていただき，許可を貰ったうえで居間にビデオを設置して24時間録画します。それを早送りで見るのですが，猫にキャットフードをあげるときペット用のお皿であげるのか，人間のお皿と同じお皿であげるのか，スプーンもペット用なのか人間と同じスプーンなのか，食べているときどの角度で顔を見るとか，皆で気付いたことを言い合いそれで購入者を分類していくのです。

　一方，医薬品の場合は患者さんの1日の行動などを撮影するのは難しいですけれど，いつか誰かが何らかの方法でグルーピングしていくようなことを実施

第Ⅰ部 対談編

猫を飼う人の分類は12もあると言われ，キャットフードを購入する際の選択理由もさまざま。

するのではないかと思います。
○古川　DTCの患者調査が終わったあとのワークショップではそれをやりますね。患者さんのペルソナを何種類かに分類して，その患者さんの1日（24時間）の活動を円のなかに細かく描いていく。
　話は変わりますが，イービーエムズの当時，会社をあげて支援していただいたDTCの研究会ですが，現在は「疾患啓発（DTC）研究会」と名前を変えて，今も続いています。当時会社として支援していただき続けさせてもらったことに，本当に感謝しています。
　研究会に熱心に参加された方々が会社に戻って，DTCを実施するべきだということを主張されて，うわべだけの知識ではなく，研究会で議論して他社の取り組みの事例なども皆さん聞いているので説得力があるのですよね。あの当時は，参加者は結構情報をオープンにしてみなさん自社の事例など話してくれましたね。

対談V　将来，患者さん一人一人に寄り添う形の情報提供へ

○加藤　タイミングがよかったのでしょうね。他の製薬企業にDTCを理解していただき，良質な情報，患者さんにとっても役にたつ情報を提供したいという思い入れがありました。そうした熱意で講師の方にも一生懸命話をしていただきました。それはDTCの創成期だったからこそできたのかもしれません。

○古川　当時の活動が今の疾患啓発（DTC）研究会につながっています。

　私の著書の初版で，加藤さんが素晴らしいことを話されていました。EBMを臨床領域のみならず医療業界に対するトータルソリューションの観点で検証し，そのうちDTCで用いるデータでもEBMの普及促進，ひいては医療業界の改善につながる可能性があると。もうこのときに言い切っておられる。

○加藤　そうでした。「ヨーロッパ型DTC」とそのころ言っていたのですね。

○古川　確定診断後の患者さんとのコミュニケーションというのは，やっと日本でも「コンプライアンスプログラム」ではなくて「アドヒアランスプログラム」という名称になって，各社が取り組んでいますし，実現してきています。メディカルコールセンターの活用もそうですね。

○加藤　当時は全くありませんでしたよね。

○古川　それから，患者さんをターゲッティングして疾患啓発サイトに来てもらって，それをまた分析してサイトで提供する情報を改善するといったことも書かれています。

○加藤　そのとおりになりましたね。

○古川　実現していないのは医療従事者向けDTCトレーニングセミナーでしょうか。これはオーストラリアで実施されていたので著書でも紹介しましたが，日本でもこのような取り組みが進むといいのかなと思います。医療機関が患者さんを受け入れる際に，どのような患者さんが来るかというのを事前によく分かってから受け入れていく体制になるといいですね。

○加藤　医療機関も事前に疾患啓発のタイミングと内容を把握していれば，それに対応できると言うことですね。増患という観点からもメリットがあると思います。

○古川　受け皿をしっかり作るということが重要ですね。製薬企業が支援して

69

第 I 部　対談編

いく部分でもあると思いますね。

○加藤　MR を活用して，支援する必要はあると思います。

◆ 10 年後の DTC の姿：患者さん一人一人に寄り添い，どうケアするかという方向に情報がシフトへ

○古川　それからまだ実現してないものに，DTC マーケティングで用いる情報やデータの客観性を審査して保証する第三者機関の設置があります。これは DTC に知見をお持ちの方々が NPO のような組織を作って，そこで審査していくべきだといったような先進的なことを議論されています。これから実現していくのではないかと思います。

　加藤さんはこれから 10 年後どのようになっていると予想されますか？

○加藤　いわゆる患者インサイトで，患者さんそれぞれの悩みに対し，同じ情報ではなく，一人一人に寄り添い，どうケアしていくかという方向に情報提供のあり方がシフトしていくと思います。

○古川　ソリューションとしてはそういうこともできるところに来ていて，製薬企業として DTC を活用して実現したいと考えている企業は多いと思います。

○加藤　IT の技術的な進歩と，患者さんに関するマーケットリサーチ手法の多様化があると思います。これらのクオリティが上がっていかないと，やりたいこともできないでしょうし，DTC の担当者は常に新しい情報をウォッチしながら何ができるようになっているのかを把握して，本当に理想とすることが実現できるかを判断して，選んでいくというイメージでしょうか。

○古川　私も常に情報をキャッチしていますし，リサーチしています。結構面白いソリューションが次々と出てきています。

○加藤　インターネットがもしこれほど普及しなかったら，DTC の普及するスピードはこれほど速くなかったと思います。インターネットの普及で，さまざまな情報が患者さんに届けられるようになりました。IT の進化は大きなインパクトがありますよね。それが次に one to one になったら，それこそ画面

70

対談Ⅴ　将来，患者さん一人一人に寄り添う形の情報提供へ

に触れるだけで，「この人の知りたい情報はこうだ」とか「こういうことで悩んでいるからこういうケアをしてあげよう」とか，何百とおりもソリューションが出てきて，最適なものを引き出しから出していく，そういうイメージですね。

〇古川　加藤さんが今注目している技術などありますか？　例えば AI（人工知能）などは？

〇加藤　AI には可能性を感じますね。医師によっては AI に頼るのはおかしいと考える方もいますが，私としては AI など進化していく技術を，どのように医療に活用していけるのかが重要だと思います。産，官，学，そして医療側と製薬企業，患者さんが一体になって，医師の診断や治療をサポートする，セカンドオピニオンのような AI ができるのが理想的かもしれません。製薬企業もきちんとエビデンスを提供して，それに患者さん側のデータに重ねていけば，A さんには A という薬だけど，B さんには B という薬のほうがよいなど，より個別化した治療を行うための判断をサポートできるようになるのではないでしょうか。

　それに自分でバイタルデータを取れる時代ですから，患者さんが感覚的に判断するのではなく，第三者的に血圧や血糖値の値を見たうえで治療の必要性の有無を判断したり，最初の段階から適切な医師のところに行けるようになると思います。

〇古川　とくに画像などはデータが蓄積されてきて，がんや皮膚の病気の画像は AI で診断できる時代になってきていますね。

〇加藤　そうです。最初は反対していた医師でも，決して AI が医師に取って代わるものではないということさえ理解してくれれば，むしろ利用価値は高いと感じるのではないでしょうか。医師の立場を覆すものではなく，より適切な診断と適切な治療をサポートする一つの技術だと思っています。

第 II 部

DTCマーケティングの基本

第1章

医療用薬品の
マーケティング・コミュニケーションと
DTCマーケティング

1．医療用医薬品のマーケティング・コミュニケーション
2．薬事法とプロモーションコードの縛りのなかで
3．医薬品業界，再編成の大波
4．医療消費者の意識は急速に変化している
5．製薬業界とそれを取り巻く環境の変化

(『DTCマーケティング』（2005），『新版 DTCマーケティング』（2009），日本評論社，一部加筆修正)

第II部 DTCマーケティングの基本

　製薬業界に関わっている人はだいだい理解していると思うが，一般の生活者にはなかなかわかりづらい医療用医薬品のマーケティング・コミュニケーションはどのように行われてきたのだろうか。そして医療用医薬品の産業は現在どのような状況に置かれているのだろうか。本章では，DTCマーケティングを理解していくうえで不可欠でベースともなる，医療用医薬品のマーケティング・コミュニケーションと医療品産業の現状とについて紹介していきたい。

　(本章は『DTCマーケティング』(2005) 日本評論社，ならびに『新版DTCマーケティング』(2009) 日本評論社，に執筆した各章に必要最低限の加筆修正をしたものである。内容に当時のままの部分があることをあらかじめ了承頂きたい。)

1. 医療用医薬品のマーケティング・コミュニケーション

（『新版DTCマーケティグ』(2009) 日本評論社，当時の内容である）

　医薬用医薬品のマーケティング・コミュニケーション手法を，DTCマーケティングが用いられる以前（すなわち米国では1990年ごろ以前，日本では1995年ごろ以前）がどのようであったかをみてみよう。図表1-1に，医療用医薬品マーケティングを取り巻く環境要因を整理してみたが，医療用医薬品のマーケティング・コミュニケーションでは，製薬企業，卸，医師（および医療従事者），患者がその中心となる。製薬企業が製造販売する医療用医薬品は医療経済のなかに位置づけられている。また，最終需要者である医療消費者は，疾病や傷害になって初めて医療用医薬品を消費する患者となる。

　疾病に関してはその時代により種類や内容が変わってきており，医療用医薬品もこの疾病の変化に合わせて開発が行われている。医療の性格上，医療用医薬品の製品情報には学術的な裏付けが求められる。また，医療用医薬品は各国において，製造販売に関して行政の承認が必要であり，政治的・行政的な影響も受ける。医療用医薬品のマーケティング・コミュニケーションを考えるうえで，これらの環境要因を念頭に置くことは重要である。本書では，図表の中央に位置する製薬企業，卸，医師，患者の関係におけるマーケティング・コミュ

76

第 1 章　医療用薬品のマーケティング・コミュニケーションと DTC マーケティング

図表 1-1　医療用医薬品マーケティング環境要因

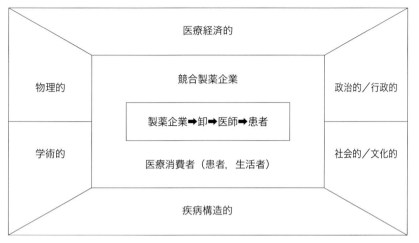

（出典）Kotler, P. (1991), 邦訳 p. 122, 図 5-1 を参考に筆者が医療用医薬品用に改編した

ニケーションを考察してみたい。

　まず, 米国における DTC マーケティング発祥以前の医療用医薬品マーケティングについて, 医療用医薬品マーケティングに詳しいソネット・エムスリー株式会社[1] 取締役 COO の Tom Callaghan 氏 (当時) は, 次のように述べている。

　「アメリカと日本のビジネスを比べるとき, よくアメリカはドライ, 日本はウェットと言いますが, 医療用医薬品に関しては, まったく当てはまりません。わかりやすく言うと, 製薬企業の MR[2] による『接待』の存在があります。アメリカでも日本と同様, 処方権を持つ医師, とくに高処方医への接待は過剰なくらい行われてきました。現在でもかなり行われています。1995 年だったでしょうか, ある製薬企業による過剰な接待が発覚して逮捕者が出たことがありました。でも, 製薬業界をよく知る人は, その製薬企業のやったことが, 特別のことだとはだれも思いませんでした」[3]。

第Ⅱ部　DTCマーケティングの基本

● 5つのコミュニケーション手段

　Kotler（1999）はコミュニケーション手段を広告，SP（セールス・プロモーション），PR（パブリック・リレーションズ），営業部隊，ダイレクト・マーケティングの5つに分け（図表1-2），次のように述べている。

　「『広告』は，企業やその製品，サービス，あるいは企業の姿勢に対する消費者のブランド認知を高めるうえで，最も強力な手段である。『SP』は，消費者を行動に駆り立てる政策である。『PR』はかなり効果的であるにも関わらず，製品やサービスのプロモーションにおいて，十分に活用されてい

図表1-2　コミュニケーション手段の具体例

広告	セールス・プロモーション	PR	営業部隊	ダイレクト・マーケティング
印刷および電波媒体 パッケージ（外観） パッケージ内への差し込み 映画 カタログおよび冊子 ポスターおよびリーフレット 名簿 広告の別刷 屋外看板 ディスプレイ POP AV（オーディオ・ビジュアル宣材） シンボルマークやロゴマーク ビデオテープ	コンテスト，ゲーム，懸賞，抽選 プレミアム，ギフト サンプリング ショー，展示会 展示物 デモンストレーション リベート 低利子融資 接待 下取り交換割引 継続的プログラム タイアップ	プレスキット スピーチ セミナー 年次報告書 慈善事業への寄付 スポンサーシップ 出版 コミュニティ・リレーションズ ロビー活動 名刺・レターヘッド等 広報誌 イベント	セールス・プレゼンテーション 販売会議 報奨制度 サンプル ショー，展示会	カタログ 郵便物 テレ・マーケティング 電子ショッピング テレビ・ショッピング ファックス 電子メール 音声メール

（出典）Kotler, P.（1999），邦訳 p. 172，図 6-4

ない傾向がある。その理由として，企業のPR機能はマーケティング部門外の部署に属し，そこでマーケティングPR（MPR）などが扱われているからである。マーケターたちは，PR部門に資料の提供を頼んだり，また独自にPR会社と契約しなければならない。『営業部隊』は，最も費用のかかるマーケティング・コミュニケーション手段である。『ダイレクト・マーケティング』は細分化された市場に対し，独自のデータベースを利用して効果的にアプローチすることである」[4]。

前出のCallaghan氏の話は，DTCマーケティング発祥以前の米国では，Kotler（1999）の述べる5つのコミュニケーション手段のうち営業部隊による活動が，医療用医薬品のマーケティング・コミュニケーションにおいて大きな

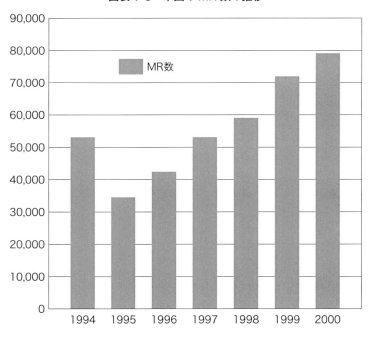

図表1-3 米国のMR数の推移

（原出所）Deutsche Bank, Global Pharmaceuticals Report 2002 Outlook, PwC Estimates
（出典）IBM Business Consulting Services（2002，邦訳2003）

第Ⅱ部　DTCマーケティングの基本

ウエイトを占めていたことを物語っている。また，当時の米国のMR総数は約4万人（図表1-3）で，医師1人当たりMR数では日本より低い一方，国土が広いため，日本のようにすべての医師に対してMRが頻繁に訪問することができず，そのため医学専門雑誌を使った製品広告も活発に行われていた。当時の日本の医学専門雑誌ではなじみの薄かった「マルチ広告」や「ブックインブック」[5]などの広告手法も米国では一般的であった。

Castagnoliは1950年代から1993年にかけて製薬企業の広告・プロモーション[6]，情報伝達プログラムへの支出が着実に増加したことを，次のように指摘している。

「第一線の販売力としてのMRは何十倍にも増やされ，専門誌広告は，1頁の製品広告からカラー版の複数頁単位の掲載になり，広告掲載需要を満たすために多くの出版物が発刊された。そして新たなプロモーション手段として，処方箋用紙や健康記録用紙への広告，自動車や事務所や家庭のためのオーディオテープとビデオテープ，ケーブルテレビ，FMラジオ，多様な形式の導入プログラムなどが作り出された。これらは，すべて製薬企業の（製品に関する）メッセージを処方者の心に留めておこうとするものである。米国の驚異的な医療品販売高の伸びは1954年の13億ドルから1994年に548億ドルに達し，広告やプロモーションの急成長を支えてきた」[7]。

しかしながら，米国における医療用医薬品のコミュニケーション・ターゲットは，DTCマーケティング発祥以前においては，あくまでも処方権を持つ医師が中心であった。

●ターゲットは処方権を持つ医師だった

次に日本における医療用医薬品マーケティング・コミュニケーションについてみてみよう。日本の医療用医療品のプロモーション[8]について，日本における医薬品マーケティングを体系化し著した佐賀（1993）は，ユーザー[9]を医師，薬剤師とし，そのうえで，「ユーザーに働きかける内容および手段を，企業が持つ資源（ヒト，モノ，カネ，情報，スキル）の組み合わせにより具

体化する政策の内容をプロモーションという」[10] としている。また,「医薬品企業のプロモーションの特徴は,ユーザーとの Two Way,対面コミュニケーションが中心であり,これは,医師が直面する治療上の問題解決を中心とするからだ」[11] と述べている。

佐賀 (1993) は,医薬品企業のプロモーション手段をディーテリング[12] と非ディーテリングに分けている (図表1-4)。ディーテリングには,MR によるディーテリングと学術専門者によるディーテリングがある。また,非ディーテリングには,ディーテリング以外のプロモーションが含まれ,研究会,講演会,シンポジウム,PMS 治験,医学雑誌への論文掲載,DM,専門誌広告,学会展示,医師勉強会,学会開催と応援,研究助成,卸説明会と勉強会,卸MS によるディーテリング,文献検索サービス,文献提供などがある。そして,MR が用いるプロモーション・ツールとして,添付文書,パンフレット,リーフレット,文献集,学術映画・ビデオ,プロモーション用ビデオ,記念品,販促用ギブアウェイなどをあげている[13]。

現在でも DTC 以外のマーケティング・コミュニケーションとして,これらはあまり変化がないと思う。加えるとすれば現在では PC やインターネットの発達により,Web サイトや e-Detailing,CD-ROM や DVD などのメディアが登場してきている点である。

図表1-4　医薬品企業のプロモーション手段の分類

〔1．ディーテリング〕
・MR によるディーテリング ・学術専門者によるディーテリング
〔2．非ディーテリング〕
・研究会（開発時,発売後）　・講演会（発売時,発売6カ月後） ・シンポジウム（学会,製品）　・PMS 治験　・医学雑誌への論文掲載 ・DM　・専門誌広告　・学会展示　・医師勉強会　・学会開催と応援 ・研究助成　・卸説明会と勉強会　・卸 MS によるディーテリング ・文献検索サービス,文献提供

(出典) 佐賀 (1993),第13章をもとに著者が整理し作成した。

日本においても，DTCマーケティングが導入される前は医療用医薬品のコミュニケーション・ターゲットは，あくまでも処方権を持つ医師が中心であった。また，医療用医薬品プロモーションは佐賀（1993）の分類からも，営業部隊によるドクターに対するディーテリングが大きなウエイトを占め，製薬企業と患者との直接のコミュニケーションは見当たらない。従来の医療用医薬品マーケティングでは，製薬企業はコミュニケーション・ターゲットをドクターおよび医療従事者においており，他に流通として卸の存在があるだけである。患者と接するのはあくまでもドクターであり，患者向けの「患者指導箋」はドクターの患者指導のサポートを目的としており，疾患啓発ポスターや患者向け小冊子なども，すべて医療機関のドクター経由で患者に提供または露出されている[14]（図表1-5）。

図表1-5　従来の医療医用医薬品マーケティング・コミュニケーションの流れ

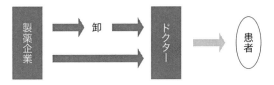

2．薬事法とプロモーションコードの縛りのなかで

（『新版DTCマーケティグ』（2009）日本評論社，当時の内容である）

医療用医薬品のマーケティング・コミュニケーションを理解するうえで，法律での制限やプロモーションコードは非常に重要な位置を占めている。医薬品は人の生命に関わる製品であることから法律での制限のほか，業界団体である日本製薬工業協会（以下，製薬協という）が，理事会のもとに製薬協の関係委員と外部の学識経験者で構成するプロモーションコード委員会を設けて自主規制を設けている（図表1-6）。

まず，法律的な面から見てみよう。薬事法は，第67条に医薬品に関する広

第1章　医療用薬品のマーケティング・コミュニケーションとDTCマーケティング

図表1-6　日本製薬工業協会の組織

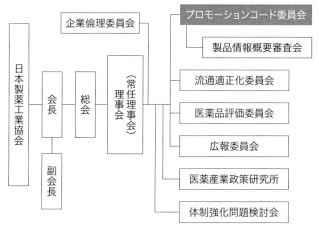

（出典）日本製薬工業協会・プロモーションコード委員会（2003）

告の制限を定めている。医師または歯科医師の指導のもとに使用するのでなければ危害が生じるおそれがある医薬品に関する広告について医薬関係者以外の一般人を対象とする広告を制限するなど，医薬品の適正な確保のために必要な措置を定めることができるとしている。また，この薬事法の定めを明確にするために当時の厚生省薬務局長名で医薬品等適正広告基準を通知している[15]。この第3条第5項に医療用医薬品等の広告の制限を定めており，「医師若しくは歯科医師が自ら使用し，又はこれらの者の処方箋若しくは指示によって使用することを目的として供給される医薬品については，医薬関係者以外の一般人を対象とする広告は行わないものとする」としている。これは基本的に医療用医薬品の広告を医療消費者に実施できないことを意味する。また，近年の医薬品個人輸入の流れを踏まえ，インターネットなどでの広告を重く見た厚生労働省は，インターネットによる情報提供（添付文書の範囲内）は原則認めるものの広告は認めないとの考えを示している[16]。広告の該当性については以下の3要件をあげている[17]。

① 顧客を誘引する（顧客の購入意欲を昂進させる）意図が明確であること

83

② 特定医薬品等の商品名が明らかにされていること

③ 一般人が認知できる状態であること

これらの3要件の一つにでも抵触すると，広告とみなされるわけである。

次にプロモーションコードをみてみよう。

プロモーションに関係する製薬協の委員会は，流通適正化委員会，製品情報概要審査会，医薬品評価委員会，広報委員会，そして国際委員会などがあり，プロモーションに関する問題は多面的で，製薬協も組織横断的に対応している。プロモーションコード問題は国内外ともに重視されており，プロモーションコード委員会の設置は医療用医薬品マーケットへの製薬協の意思表示と言ってよい。

製薬協は，医薬品の製造・販売に携わる者として，より高い倫理的自覚のもとに薬事法・独禁法等の関係法規と公正競争規約の自主規範を遵守し，医薬情報を適切な手段で的確かつ迅速に提供・収集・伝達する責務があり，医薬品の適正使用を歪める行為は厳にこれをつつしまなければならないとして，1993年に「医療用医薬品プロモーションコード」（以下プロモーションコードという）を制定した[18]。プロモーションコードは製薬企業が医療用医薬品のプロモーションを実施する際に当然遵守すべき行動基準を明示し，会員各社がコードに則ったプロモーションを行うことを目的に策定したものである。

また，会員各社はプロモーションコードをさらに具体化，あるいは独自の項目を加えた「自社コード」を策定し，自社のプロモーションにおける行動基準とすることが望まれる[19]としている。

プロモーションコードには以下の11の項目が定められている。

1. 会員会社の責務

2. 経営トップの責務

3. 医薬情報担当者の行動基準

4. プロモーション用印刷物および広告等の作成と使用

5. 市販後調査の実施

6. 試用医薬品の提供

第1章　医療用薬品のマーケティング・コミュニケーションと DTC マーケティング

7．講演会等の実施

8．物品の提供

9．金銭類の提供

10．医療用医薬品製造業公正競争規約との関係

11．国外におけるプロモーション

　これらの11項目についてさらに詳しく解説が述べられているが，4の「プロモーション用印刷物および広告等の作成と使用」に注目してみてみよう。プロモーションコードによると，「会員会社が作成するプロモーション用印刷物，専門誌（紙）における広告，医療関係者向けウェブサイト，スライド・VTR等のプロモーション用視聴覚資材およびその他のプロモーション用資材は，医薬情報の重要な提供手段であることを認識し，その作成と使用に当たっては薬事法およびこれに関連する製品情報概要記載要領等の自主規範に従い，記載内容を科学的根拠に基づく正確，公平かつ客観的なものにする」[20] としている。そして，さらに9つの細かい解説が書かれている。

① 効能・効果，用法・用量等は承認を受けた範囲を逸脱して記載しない。ただし，別途定めるガイドラインのもとに国際学会で学術資材を展示する場合，未承認の医薬品（いずれの国でも未承認の場合を除く）に関して記載できる。

② 有効性，安全性については，虚偽，誇大な表現または誤解を招く表現を用いない。とくに「副作用が少ない」等安全性を特長の一つとする場合は，限定条件なしには用いず，その根拠となるデータの要約を付記する。

③ 有効性に偏ることなく，副作用等の安全性に関する情報も公平に記載する。

④ 他剤との比較は，客観性のあるデータに基づき原則として一般的名称をもって行う。

⑤ 他社および他社品を中傷・誹謗した記載をしない。

⑥ 例外的なデータを取り上げ，それが一般的事実であるかのような印象を

第II部　DTCマーケティングの基本

与える表現はしない。

⑦　誤解を招いたり，医薬品としての品位を損なうような写真・イラスト等を用いない。

⑧　品名のみを主体とする広告では，記載事項は名称（販売名），薬効分類名（製品タイトル），規制区分，一般的名称，薬価基準収載の有無とし，併せて当該製品に関する資料請求先を明示する。

⑨　プロモーション用印刷物および広告等は，会員会社内に医療用医薬品製品情報概要管理責任者等を中心とする管理体制を確立し，その審査を経たもののみを使用する。

　このように詳細な決まりがあっても実際の運用においては種々の疑義がでてくるのが普通であり，製薬企業各社では社内のプロモーションコード委員会などで，定期的に個々の案件ごとに審査を行っている。マーケティング部門スタッフにおいては，プロモーションコードを熟知する必要があるとともに，新しいプロモーション手段を実施する場合は，事前に社内のプロモーションコード委員会などに打診してみてコードに抵触していないかどうか確認することが必要である。

3．医薬品業界，再編成の大波

　（『新版DTCマーケティグ』（2009）日本評論社，当時の内容である）

　日本の産業界の多くが熾烈な企業再編の波に洗われている。銀行業界の再編が記憶に新しいが，ほとんどの産業で企業再編が叫ばれ，各社は生き残りに必死である。日本の産業界は20世紀の保護的産業政策に支えられてきた。これはほとんどの産業界に共通したものだったが，とくに医薬品産業[21]では国民皆保険による薬価制度と独特の流通形態が大きな堤防となり手厚く保護されてきた。その医薬品産業にも急激な業界再編の波が到来している。最大の要因は，日米構造協議などに由来する自由化，規制緩和の急展開である。卸の大再編を促した流通改革，医薬分業化，薬価基準の改正，ICH（International

第1章 医療用薬品のマーケティング・コミュニケーションとDTCマーケティング

Conference on Harmonisation of Technical Requirements for Registration of Pharmaceuticals for Human Use：日米 EU 医薬品ハーモナイゼーション国際会議) 22) などの薬事規制の国際統一基準化などが急速に進められている。さらには高齢化社会に向けて，医療費抑制政策が進められている。日本の国民医療費（医療機関を通じて保険診療された医療費の総額）は 2001 年度で 31 兆 3234 億円で，そのおよそ 1 割の 3 兆 2703 億円を，医薬品（薬局調剤医療費）が占めている 23)（図表 1-7)。

日本の製薬企業は，国内市場の成長力鈍化と競争激化のなかで成長機会を海外市場に求めざるを得ない状況にある。エーザイ株式会社の 52.4％，藤沢薬品工業株式会社の 48.6％など，内資大手 6 社の 2003 年度海外売上比率は平均で 40.7％にも及んでいる 24)（図表 1-8)。

一方，国内市場では世界第 2 位の市場規模を持つ日本で事業拡大を急ぐ外資系製薬企業の活動が活発で，2003 年の日本における外資系製薬企業全体の売

図表 1-7　診療種類別国民医療費

	2001 年度	
	推計額（億円）	構成割合（％）
国民医療費	313,234	100.0
一般診療医療費	244,133	77.9
入院医療費	115,585	36.9
病院	111,195	35.5
一般診療所	4,390	1.4
入院外医療費	128,548	41.0
病院	54,237	17.3
一般診療所	74,311	23.7
歯科診療医療費	26,047	8.3
薬局調剤医療費	32,703	10.4
入院時食事医療費	10,012	3.2
老人訪問看護医療費	200	0.1
訪問看護医療費	138	0.0

（原出所）厚生労働省『2001 年度国民医療費の概況』
（出典）『薬事ハンドブック 2004 年版』より抜粋

第Ⅱ部 DTC マーケティングの基本

図表 1-8　内資大手 6 社の海外売上比率（2004 年 3 月度）

会社名	全売上 (億円)	海外売上 (億円)	海外売上比率 (%)
武田薬品工業	10,864	4,619	42.5
三共	5,963	2,094	35.1
山之内製薬	5,112	1,963	38.4
エーザイ	5,002	2,623	52.4
藤沢薬品工業	3,954	1,921	48.6
第一製薬	3,228	662	20.5
合計	34,123	13,882	40.7

（出典）『日刊薬業』2004 年 5 月 19 日号

図表 1-9　日本における外資系製薬企業の売上比率推移と予測

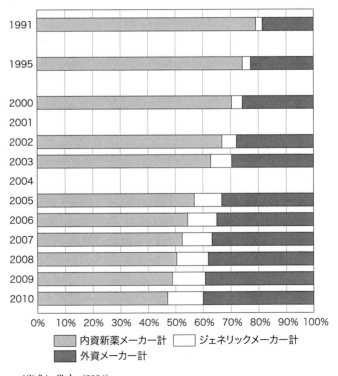

（出典）世古（2004）

上比率は 29.5％であり，世古（2004）によると 2010 年には 40％を超える見込みである[25]（図表 1-9）。内資製薬企業はこれら外資参入への対応も迫られている。このような状況下，製薬業界のさまざまなルールや制度のグローバル・スタンダード化の動きも進んでおり，もはや国内だけを視野に置いた経営は許されない状況にある[26]。外資系製薬企業の伸長により，医療用医薬品のマーケティングにおいても外資系各社の本国や海外拠点におけるマーケティング手法が，日本にも導入されてきている。その象徴的な例が DTC マーケティングであるといえる。

4. 医療消費者の意識は急速に変化している

（『新版 DTC マーケティグ』（2009）日本評論社，当時の内容である）

　一般消費財においては，消費者に主権があることは当然のことであるが，医療用医薬品においては医療消費者（患者・生活者）が最終需要者でありながら，今まで製薬企業は医療消費者主権を意識しないできた。そして，医療消費者は医療機関の処方箋をただ黙々と受け入れてきた。政府による手厚い保険制度と薬価制度のもとに，それを当たり前とする医療消費者の意識があったためである。

　しかし，医療消費者の意識も大きく変化しつつある。すでに医薬品の包装には製品名が印刷されており，薬局の窓口でも薬剤名とその薬効や副作用を簡単に記載した「くすりのしおり」が配布されている。一部の疾患では患者が医師に医薬品を指名する動きも出てきている。今後，医療制度改革の進展に伴ってますます医療消費者の医療コスト意識が高まることが考えられ，患者が自ら医薬品情報を集め薬剤を選択する動きを強める可能性がある。厚生労働省は医療制度改革試案のなかで 21 世紀の医療提供の姿として，

① 患者の選択の尊重と情報提供
② 質の高い効率的な医療提供体制
③ 国民の安心のための基盤作り

第Ⅱ部　DTC マーケティングの基本

を掲げている。いずれも医療消費者主権の時代到来を示唆するものである。とくに患者選択の尊重と情報提供の充実を目指していることに注目したい。これは可能な限り医療消費者に対して治療方法や薬剤について情報を提供し医療消費者に選択権を与えることを意味し，同時に選択する医療消費者の自己責任を求めていくことにほかならない[27]。

　製薬企業は，このような医療消費者の意識変化の面を考慮しながら医療用医薬品のマーケティング・コミュニケーション戦略を考えていく必要がある。

5. 製薬業界とそれを取り巻く環境の変化

　2005 年 3 月に『DTC マーケティング』を上梓してから本書の発行までに 13 年近くの月日が流れている。本書の第Ⅰ部（対談編）でもこの間のことについて触れられているが，この 13 年間に製薬業界とそれを取り巻く環境が大きく変化したことは間違いない。本書は DTC マーケティングがテーマであるので全般的な業界の変化を細かく述べるつもりはない。業界紙誌などでも読者諸氏はよく理解されているものと思う。本節では医薬品マーケティングに関わる変化，とくに DTC マーケティングに関係する部分について触れてみたい。

　とくに大きなものに 2008 年ごろから問題が提起されたノバルティスファーマ社の高血圧治療剤ディオバン[28]に関する事件（いわゆるディオバン事件）が挙げられる。この事件は，ディオバンの医師主導臨床研究にノバルティス日本法人のノバルティスファーマ社の社員が統計解析者として関与した利益相反の問題と，ディオバンの臨床研究では，5 つの大学の医学部が関わり，それぞれが研究を実施して論文も発表したが，大学の研究者が発表した論文のデータに問題があるとされ，これらの論文が撤回されたという一連の事案のことである。この事件のことがマスメディアなどでたびたび大きく取り上げられ，報道をとおして製薬業界が関与する臨床研究の信頼性に対して社会から厳しい目が向けられるきっかけになった。また，これを受けて臨床研究への法規制も検討され，2017 年 4 月 7 日「臨床研究法」として国会で成立したのは記憶に新

90

第1章 医療用薬品のマーケティング・コミュニケーションとDTCマーケティング

しい。この法案では臨床研究の実施手続きや製薬企業から受けた資金提供について契約締結や公表が義務づけられた。「未承認薬や製薬企業から資金提供を受けて実施される臨床研究を『特定臨床研究』と位置づけ，これらにモニタリングや監査を義務づけるほか，実施基準に違反した場合は厚生労働大臣による中止命令，3年以下の懲役か30万円以下の罰金の罰則規定を設けた。国会審議で指摘が相次いだ被験者保護の規定については，附帯決議で今後省令で定める臨床研究実施基準等で明確に規定することととされた」[29]。この事件は直接DTCマーケティングに端を発するものではないが，製薬企業に対する社会の信頼性が大きく揺らいだことから各社が実施するDTCマーケティングにも影響を与えたのは事実であろう。各製薬企業ではコンプライアンスの観点からさまざまなマーケティング活動について見直しを実施したのである。

　この事件が影響を与えたのは臨床研究そのものだけではなかった。臨床研究の結果を広告[30]に利用する場合における，広告に関する基本的な考え方や，広告の審査，監視指導の在り方についても検討を行うことになり，平成26年度（2014年）の厚生労働科学研究班会議（いわゆる白神班研究）として「医療用医薬品の広告の在り方の見直しに関する提言」につながることになる。そして，広告の審査，監視指導の在り方については，平成28年度（2016年）に予算措置がされ，厚生労働省による「医療用医薬品の広告活動監視モニター事業」が実施されることになったことも記憶に新しいことだろう。

●業界内自主規範の変化

　この事件やその影響以外にもいくつかの事案が発生したのを受けて，製薬業界内の自主規範も大きく変わってきた。この種の自主規範は常に変わるもので，本節で述べたことが不変であるとは限らない。しかし，それまでになかったDTCに関連する業界内自主規範も新たに出てきているのでしっかりと理解をしておくべきと考え，あえて紹介する。

第Ⅱ部　DTC マーケティングの基本

（平成 27 年 1 月 6 日製薬協発第 6 号）
通知「テレビや新聞等のメディアを利用した情報発信活動いわゆる疾患啓発広
告とタイアップ記事（広告）について」

　DTC マーケティングの普及によって行き過ぎた DTC 広告に対して医療関
係者だけでなく一般からの指摘も出てきたことから製薬協では標記の通知を発
出して注意を促している[31]。内容は大きく DTC 広告とタイアップに分かれて
いるが，タイアップ記事（広告）に関することは，第 5 章「広告と広報の違い
について」で詳しく述べているのでそちらを参照してほしい。

　医薬品に関する広告の規制は「医薬品，医療機器等の品質，有効性及び安全
性の確保等に関する法律」（薬機法，旧薬事法）の第 66 条から第 68 条までに
規定されている。また行政当局からの通知により医薬関係者以外の一般人への
広告も禁じられている[32]。これを踏まえて日本製薬工業協会からの通知にあ
る以下の点に注意をする必要がある。DTC 広告の制作を委託する外注先企業
まかせにすることなく製薬企業の社内でしっかりとチェックしておくべきこと
である。

(1)　特定の医薬品の広告と解釈されないよう，広告内容は，疾患の説明を原
　　則とする。また，疾患に対する対処法は公平かつバランスよく提示し，必
　　要な場合は医師又は医療関係者への相談を促す内容を盛り込むことができ
　　る。

　　　好ましくない表現の一例として，「くすりで治せるようになりました。」
　　が挙げられている。疾患の治療は薬物療法だけには限らない。食事療法や
　　運動療法などもあるはずである。また，薬物療法の提示でも自社の医薬
　　品がそれまでになかった新しい経口剤である場合など，「飲み薬で治せま
　　す」などとするのも対処法をバランスよく提示しているとは言えないだろ
　　う。「新しい治療法が登場しました」だけを広告のなかで訴求するのも公
　　平かというと疑問である。

(2)　病気の診断は，症状だけで決まるものではなく，検査等を含めて医師が
　　総合的にすべきものと考えることから，その症状等が確実に病気であるか

第1章　医療用薬品のマーケティング・コミュニケーションと DTC マーケティング

のような印象を与える表現はしないこと。

　　好ましくない表現の一例として，「このような症状は○○疾患です。」が挙げられている。特定の症状をあげて病気と断定する表現は好ましくないのは当然のことであろう。いわんやその疾患の主症状ではない症状をあげて当該疾患を連想させるような表現方法は，断定をしていなくてもすべきでないことは明白である。

⑶　疾患のリスクを説明する際には，たとえ医学的に正しい内容であっても表現に細心の注意を払い，特定の疾患や症状が必ず発症・発現するような誤解を防ぐこと。

　　好ましくない表現の一例として，「放置すると慢性化します。又は重症化し死に至る恐れがあります。」が挙げられている。

　　潜在患者に疾患を認識させ医療機関へと受診させることはとても難しいことで，時として疾患に関する「恐怖訴求」をすることで，受診を促そうと考えるかもしれないが，疾患のリスクを丁寧に説明し説得しようとすることと恐怖訴求をすることは別のことだと考える。恐怖訴求は文字によるメッセージだけでなく，音や映像を用いて不快な訴求をすることも DTC 広告ではすべきでないと筆者はいつも考えている。

⑷　過度な期待を与える可能性があるので，医療機関で治療を受ければ必ず治るような印象をしないこと。

　　好ましくない表現の一例として，「治療前後の過度な期待効果を視覚的・聴覚的に示すこと。」が挙げられている。

　この通知が発出される前は，病気で苦しむ陰鬱なイメージから治療後の明るくさわやかなイメージを極端に対比するような広告表現もあったことからこのような注意が出されたのだと考える。しかし，過度な期待は確かによくないが，治療後症状が改善するイメージは表現したいと思うだろうから，この判断は難しいと思う。

　ここで，注意しなければならないのは DTC 広告の内容を KOL などその領域の権威ドクターにみてもらい監修を受ければそれでよいということではな

い。確かにそれも必要ではあるが，ドクターはその広告の内容が医学的に正しいかどうかという判断基準で見ており，前述の通知の注意点などについてはほとんど理解をしていない。この注意点については製薬企業が十分把握をして，社内でしっかりと判断すべきである。これを制作を委託する外注先企業やKOLの監修に期待することがあってはならない。

（平成28年7月15日製薬協発第497号）
「ホームページへのコンテンツ掲載に関する指針」のお知らせ，添付資料「ホームページへのコンテンツ掲載に関する指針」

前出の平成27年の通知の翌年，今度は製薬企業の提供するホームページに掲載する各種のコンテンツについて指針が策定され，お知らせが発出された[33]。この指針は製薬企業の提供するホームページすべてを網羅しており，DTCマーケティングにおいて構築される疾患啓発サイトに関してもはっきりと基準が明文化されている。第6章「疾患啓発Webサイトの構築とインターネットの活用法」にもこのお知らせと指針については解説をしている。

この指針では，定義を明確に示しており「広く一般人を対象とした情報」の定義では，「医療用医薬品の広告に該当しないコンテンツである」[34]と明記している。そして関連法規と自主規範を遵守して作成するように求めている[35]。製品や疾患に関心のある一般人を対象としたコンテンツについては，特定の医療用医薬品の推奨につながる表現はできない[36]と明確に定めている。また，コンテンツ掲載にあたっての留意点を11個具体的に示している。加えて，掲載するコンテンツについては営業部門から独立した社内の主管部署により事前に審査をすることも謳っている[37]。このお知らせが発出されるまで業界内の自主規範は紙媒体や印刷物に対するものが基本でWebサイトやインターネットを利用したツールについては明確な定めがなかった。このため，ホームページは印刷物とは違うという勝手な解釈や明確な規定がないから多少のルール違反も大丈夫などという事案もあったようだ。このお知らせが発出されたことにより，医療関係者向けのコンテンツとともに一般人を対象としたコ

第1章 医療用薬品のマーケティング・コミュニケーションと DTC マーケティング

ンテンツにも規範が明示されたことは良いことだと思う。しかし，規範にあまりにも過敏になるがために，本来医療消費者（患者）に対して提供しなければならない重要な情報まで提供を控えるようになってしまっては本末転倒ではないかと考える。コンテンツ掲載の審査にあたっては，その情報は患者から望まれている情報かどうかという視点も是非加味してほしいと願う。

　この 10 年ほどの間に製薬業界を取り巻く環境は激変し，社会はかなり厳しい視線で業界を見ていると言ってよいだろう。だからと言って本来患者に伝えなければならない情報を控えることになっては製薬企業としての使命に反することになる。環境が変わっても実施しようとする DTC マーケティングに大きな大義があれば，少しもひるむ必要はないと考える。

　最後にインターネット等による医学的，薬学的に正しくない医薬品情報の氾濫に憂慮した（一社）くすりの適正使用協議会[38] では，2017 年後半から日本薬剤師会，日本医師会，ささえあい医療人権センター COML（コムル），日本製薬工業協会，日本医学ジャーナリスト協会と協力し，厚生労働省のオブザーバーシップを受けながら，この正しくない情報の氾濫という課題に取り組み始めている。疾病に苦しむ患者に貢献すべく，2017 年度中には社会に対して共同でステートメントを発出する予定だという。このような動きが更に進んで行くことを強く願いたい。

注
1 ）ソネットエンタテインメント株式会社（So-net, 2006 年 10 月に社名変更）の子会社で，インターネットを利用した医療・ヘルスケア分野の新しいサービスを企画・運営している会社。インターネット上での MR 支援サービス「MR 君」を提供していることで有名。2004 年 9 月東証マザーズに，2007 年 3 月東証 1 部に上場した（当時）。
2 ）MR：Medical Representative の頭文字の略。医薬情報担当者のことで，製薬企業が販売する医療用医薬品に関するさまざまな情報を医師や薬剤師に提供することが任務。以前は「プロパー」と呼ばれて，医療機関との価格交渉などに直接関与していたが，医療用医薬品の流通改善により，価格交渉は卸の MS（営業）に移り，現在の役割は純粋に医薬品情報の提供と収集に変わってきている。最近では，MR の資質向上のために財団法人医薬情報担当者教育センターによる「MR 資格認定試験」が実施されている。
3 ）筆者インタビュー，2002 年 9 月 20 日。
4 ）Kotler（1999），邦訳 2000, p. 171。

第II部 DTCマーケティングの基本

5）中綴じの雑誌などで，雑誌本体より少しサイズの小さい広告頁扱いの小冊子を雑誌に綴り込んで読者に届ける。読者は小冊子の部分を切り離して，雑誌とは別に保管したり読んだりすることができる。

6）医薬品の情報伝達において，適正使用のための情報伝達は重要であり，製薬企業の義務でもある。このため，製薬企業のプロモーション，情報伝達において，MRと処方者との面談が理想とされている（Castagnoli, 1995，邦訳1997, pp. 281）。

7）Castagnoli（1995），邦訳1997, pp. 279-293。

8）筆者は，McCarthyによる4Pの一つ「プロモーション」という用語を「コミュニケーション」と言い換えて使用している。引用する文献によっては「プロモーション」を使用しているものが多いので，本書中引用部分については，原文のまま使用することにする。

9）原文のまま，顧客と同意と考えてよいと思われる。

10）佐賀（1993），第13章。

11）同上。

12）ディーテリングとは，ディーテル・マン（detail man）が行う活動のことである。木綿＝懸田＝三村（1999, pp. 95-96）によれば，ディーテル・マンはミッショナリー・セールスマンの欧米での呼び名で，商品に関する詳細な必要情報を，あたかも“教義の布教”のごとく説明しながら巡回することを主たる使命としており，わが国の典型例として医薬品業界が挙げられている。現在日本の製薬業界では，注2にあるように「MR」と呼ばれている。

13）佐賀（1993），第13章。

14）筆者は長年医薬品専門の広告会社に勤務していたが，製薬企業から制作依頼される患者向けのパンフレット，リーフレット，ポスターなどは，ほとんどMRのドクター訪問用プロモーションツールとして位置づけられており，その納品先も製薬企業の全国各地の営業支店であることが多い。

15）「厚生省薬務局長通知」昭和55（1980）年10月9日薬発第1339号。

16）渡部（2004）。

17）「厚生省医薬安全局監視指導課長通達」平成10（1998）年9月29日医薬監第148号。

18）日本製薬工業協会・プロモーションコード委員会（2004）。

19）同上。

20）同上。

21）本書でいう医薬品産業とは，病医院において医師の書く処方箋により処方される医療用医薬品（処方箋薬）を製造販売する製薬企業を指している。日本の医薬品市場では，その約85％が医療用医薬品である（晴田，1998）。

22）ICHとは，世界の医療品事業の約80％を供給し消費する日米欧の3極間で，新医薬品の製造（輸入）承認に際して要求される資料を調和（共通化）することによって，医薬品開発の迅速化・効率化を目指す会議のこと。ICHによって協議・合意決定された取り決め事項は「ICHガイドライン」と呼ばれ，日米欧での医薬品開発におけるガイドラインとしての役目を果たす。

第1章　医療用薬品のマーケティング・コミュニケーションと DTC マーケティング

23)『薬事ハンドブック 2004 年版』(2004), p. 284。

24)『日刊薬業』平成 16 (2004) 年 5 月 19 日号。

25) 世古 (2004), p. 50。

26) 国際医薬品情報編 (2002)。

27) 同上。

28) 一般名：バルサルタン。

29)『薬事日報』2017 年 4 月 10 日。

30) ここで言う「広告」は一般人を対象とした広告のことではない。薬機法の第 67 条「特定疾病用の医薬品及び再生医療等製品の広告の制限」に規定される医療関係者に対してできる医療用医薬品の広告のことを指す。一般に広告と言うと一般人に対するものなので，この表現が DTC 広告に対するものであるという誤解をよく聞くがそれはあたらない。

31) 日本製薬工業協会・コード委員会・医療用医薬品製品情報概要審査会 (2015)。

32)「厚生省薬務局長通知」昭和 55 年 (1980) 年 10 月 9 日薬発第 1339 号。

33) 日本製薬工業協会・コード・コンプライアンス推進委員会・医療用医薬品製品情報概要審査会 (2016)。

34) 同上。

35) 同上。

36) 同上。

37) 同上。

38) 一般社団法人くすりの適正使用協議会は，製薬企業などの会員からなる団体で，「医薬品の本質の理解促進と医薬品の正しい用い方の啓発活動」を展開し，医薬品の本質を評価する学問・手段 (薬剤疫学) の普及・理解度向上，医薬品の適正使用情報 (くすりのしおり) の提供などを行っている。最近では，活動計画のキーコンセプトを「医薬品リテラシーの育成と活用」と定め，国民の医薬品適正使用を確実にするための活動をしている。

第2章

統合型マーケティング・コミュニケーションとDTCマーケティング

1. 統合型マーケティング・コミュニケーション（IMC）とは何か
2. 商品購入の意思決定における5つの役割
3. IMCとDTCマーケティングとの関係
4. DTCマーケティングは，IMCのなかで生きてくる
5. IMCとクロスメディア

(『DTCマーケティング』(2005),『新版 DTCマーケティング』(2009), 日本評論社, 一部加筆修正)

第Ⅱ部　DTC マーケティングの基本

　DTC マーケティングを考えるうえで，マーケティング・コミュニケーションの一般理論の枠組みを用いて考えることは重要である。本章では多くの消費財企業で用いられている統合型マーケティング・コミュニケーション（IMC）を概説し，この概念を用いて DTC マーケティングと IMC の関係を考えていきたい。

　（本章は『DTC マーケティグ』（2005）日本評論社，ならびに『新版 DTC マーケティング』（2009）日本評論社に，執筆した各章に必要最低限の加筆修正をしたものである。内容に当時のままの部分があることをあらかじめ了承頂きたい）

1. 統合型マーケティング・コミュニケーション（IMC）とは何か

　IMC とは，米国広告業協会によると「広告，ダイレクト・マーケティング，SP（セールス・プロモーション），PR（パブリック・リレーションズ）といったあらゆるコミュニケーション手法の戦略的な役割を活かして組み立てられた包括的コミュニケーション計画の付加価値を認め，かつこれらの手法を合体することにより，明晰で一貫性があり，最大効果を生むコミュニケーションを創造すること」[1] と定義されている。

　しかし，「細かな位置づけに関しては，発祥の地アメリカでもまだ統一を見ていないようである」[2]。

　Schultz（2004）は次世代 IMC の定義として「IMC とは，消費者，顧客，潜在顧客，従業員，同僚およびその他の社内外の関係者を対象に，目的を持ち，測定が可能で，説得力があるブランド・コミュニケーションを企画，展開，実行，評価する戦略的ビジネスプロセスである」[3] としている。Percy（1997）は，IMC を「理論と実践の一つの方法として，マーケティング・コミュニケーション戦略にとりかかるときの一策である」[4] としている。岸＝田中＝嶋村（2000）は，「IMC とは，複数オーディエンスを対象として，購買意思決定過程の段階に沿って，複数の媒体により，相互作用を含めてコミュニケーションする手法である」[5] としている。

100

第2章　統合型マーケティング・コミュニケーションとDTCマーケティング

　従来，コミュニケーションはマーケティングの一構成要素であり，下位概念であるとするのが一般的認識であった。一連のマーケティング・サイクルのなかで，広告をはじめとしたコミュニケーション活動は，販売支援の手段とされてきた[6]。しかし，マーケティングのパラダイムが変貌[7]するのに伴い，コミュニケーションの新しい役割が脚光を浴びている。Kotler（2000）は，「IMCがより一貫性の強いメッセージを作り出し，より大きな販売効果を生むのは確かである」[8]としている。IMCをブランドの構築のためのアプローチとする考えもある。Calder=Reaganは，「消費者はたった一つのメディアをとおして製品を知るのではなく，いろいろなメディアを利用している」[9]として，「複雑な環境のなかでブランドが埋没しないように統合的な方法でマーケティングを行い，コミュニケーションを行うことは，将来における課題である」[10]としている。また，Duncan（2002）もIMCを用いた広告とプロモーションがブランドを構築すると述べている[11]。

●横の統合，縦の統合

　IMCにより何を統合するかという視点について，有賀（1996）は，「横または幅（breadth）」と「縦または奥行き（depth）」の2つの基本的な座標軸をあげている（図表2-1）。「横の統合」とは，マーケティング・コミュニケーションの各種手段の最適な水平統合である。「縦の統合」とは，狭義のマーケティング・コミュニケーションだけでなく，人事や生産，あるいは企業提携など企業活動全般までを視野に入れた政策の統合である[12]。

　また，有賀（1996）はIMCの基本アプローチとして次の5つをあげている[13]。

(1)　ファクト対パーセプション

　　消費者の購入判断は必ずしもファクト（事実）に基づくのではなく，パーセプション（認識）に基づく部分が大きい。

(2)　アウトサイド・イン

　　徹底的な顧客発想でマーケティング・コミュニケーションを再構築する。

第Ⅱ部　DTC マーケティングの基本

(3) 顧客選別

　顧客は平等でない。限られたコミュニケーション予算を効率的に投下するには，貢献度の高い顧客，優良顧客を厚く遇することが理にかなっている。

(4) 行動へのインパクト

図表 2-1　縦の統合と横の統合

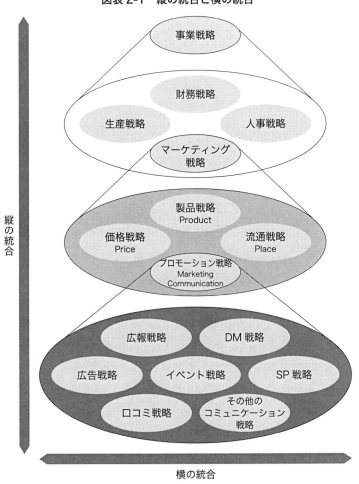

（出典）有賀（1996），p. 31，図 1

第2章　統合型マーケティング・コミュニケーションと DTC マーケティング

顧客が取る行動を漠然と予測するのではなく，顧客がどういう情報に接してその行動を起こしたかという分析から，マーケティング・コミュニケーション戦略を策定する。

(5)　アカウンタビリティ

キャンペーンで得られた教訓，ノウハウを科学的な手法で次の戦略策定にフィードバックさせていく。

そして，有賀（1996）は IMC 戦略を構築する際の留意点を，以下の3点に整理している[14]。

①　ある特定のコミュニケーション手段に与しない。

②　ストーリー性と関係者の巻き込み。

③　情報技術の活用は積極的に，だが消費者とのインターフェースは慎重に。

2. 商品購入の意思決定における 5 つの役割

IMC のプランニングの要点を Percy（1997）からそのまま引用してみてみよう。

「IMC プランニングの第1ステップとして，メッセージを到達すべきターゲット・オーディエンスを明確にしておくことが大切になってくる。そして，ターゲット・オーディエンスとマーケティング戦略の結びつきでは，消費者をターゲットとした場合と業務用ユーザーをターゲットとした場合，流通業者をターゲットとした場合で，それぞれマーケティング目標の設定が違ってくる。商品購入の意思決定をするプロセスで，それぞれの個人が意識的にあるいは無意識のうちに果たしている次のような5つの役割がある。

①　首唱者（Initiator）：商品購入意思決定に着手させる役割を果たす人

②　影響者（Influencer）：購入あるいは使用するという意思決定を早めたり遅らせたりするために，その会社が提供しているブランドに関する情報を活用する人

第Ⅱ部　DTCマーケティングの基本

③　意思決定者（Decider）：「続行・中止」の決定を行う人

④　商品購入者（Purchaser）：決定されたことを実際に遂行する人

⑤　使用者（User）：商品ないしはサービスを実際に使用する立場にある人

われわれが設定すべき具体的なマーケティング・コミュニケーション目標は，商品購入意思決定にまつわってどのような役割を遂行している人にメッセージを流そうとしているかによって変わってくることになる。

IMCプログラムを計画するときには，すべての市場情報やさまざまなコミュニケーション・オプションを使用する必要がある。計画に際しては，マーケティング・バックグラウンド・ワークシートやターゲット・オーディエンスの行動目標ワークシート，意思決定グリッド（Decision Grid）などを作成すると有効である。意思決定グリッド（図表2-2）はターゲット・オーディエンスのメンバーが演ずるさまざまな役割について，思考過程で焦点を絞っていくのに効率的な方法である。

また，RossiterとPercyによって紹介された行動連続モデル（BSM：Behavioral Sequence Model）（図表2-3，2-4）は，IMCプログラムを組み立てるのに価値のある計画ツールである。BSMはターゲット・オーディエンスのメンバーの意思決定段階から最初に考えるようになっている。

主要な意思決定段階は，意思決定グリッドで明らかになるように，①意

図表2-2　意思決定グリッド

役割	ターゲット・オーディエンス	
	消費者	流通業者
首唱者		
影響者		
意思決定者		
商品購入者		
使用者		

（出典）Percy, L.（1997），邦訳 p. 73

第2章　統合型マーケティング・コミュニケーションと DTC マーケティング

図表 2-3　低関与商品またはサービスにおける意思決定のための一般的行動連続モデル

各段階での考慮要件	意思決定段階		
	ニーズ喚起	購入	使用
意思決定段階の役割			
意思決定段階で発現する場所			
意思決定段階のタイミング			
発現の方法			

（出典）Percy, L.（1997），邦訳 p. 85

図表 2-4　高関与商品またはサービスにおける意思決定のための一般的行動連続モデル

各段階での考慮要件	意思決定段階			
	ニーズ喚起	情報探索と評価	購入	使用
意思決定段階の役割				
意思決定段階で発現する場所				
意思決定段階のタイミング				
発現の方法				

（出典）Percy, L.（1997），邦訳 p. 86

思決定にまつわる役割を遂行する人，② その意思決定段階が発現する場所，
③ その意思決定が発現するタイミング，④ その意思決定段階が発現する具体
的な形である」[15]。

●医療用医薬品は高関与商品における BSM が有用である

　引き続き Percy（1997）より引用すると図表 2-3 は「低関与の意思決定のた
めの行動連続モデルである。低関与の意思決定の場合は，消費者に危険が伴う
ことが少ないので，結果として必要が生じた途端に購入し，使用する意思決定
がなされる」[16]。図表 2-4 は「高関与の意思決定のための行動連続モデルであ
る。高関与の購買意思決定は危険が伴うから，ニーズ喚起の次に情報探索と評

105

第Ⅱ部　DTCマーケティングの基本

価が必要である」[17) と説明されている。

　筆者は，医療用医薬品のBSMとしては，図表2-4の高関与商品における
BSMが有用であり使用すべきであると考える。潜在患者などのターゲット・
オーディエンスに対して「ニーズの喚起」といえるのは，自分が疾病ではない
かと自覚させることであり，「情報探索と評価」の段階においては，DTCマー
ケティングによる製品や疾病の情報提供が有用である。「購入」が発現する場
所はもちろん医療機関であり，ドクターの判断と処方により医薬品は決定され
る。「利用」は患者が疾病罹患中にドクターや薬剤師から指示された服薬方法
により服薬し，疾患が治癒しない間は通院と継続的治療（服薬）の必要が出て
くる。

3．IMC と DTC マーケティングの関係

　IMCとDTCマーケティングとの関係を考察するために，まずIMCについ
ての先行研究をみてみよう。実際にIMCを計画立案し，推進していくことは
コミュニケーション・ミックスという性格上から非常に難しい作業を有する。
Percy（1997）は，IMCが必要となる要因を，
　①　ターゲット・オーディエンスの複雑性
　②　流通の複雑性
　③　消費者がたどる商品購入意思決定プロセスの複雑性
　④　短期的コミュニケーション目標対長期的コミュニケーション目標
　⑤　市場セグメント明確化の必要性
　⑥　複数のそれぞれ異なるメッセージを伝達する必要性
　⑦　特徴的なそれぞれ異なるメッセージを伝達する必要性
　⑧　流通業者向けインセンティブの利用の可能性
　⑨　小売店向けメッセージの重要度の度合い
の9つの場合があるとしている[18)。
　岸＝田中＝嶋村（2000）は，前出のPercy（1997）をもとにIMCが有効に

第2章 統合型マーケティング・コミュニケーションと DTC マーケティング

なる条件を以下のように4つにまとめた[19]。

① ターゲット・オーディエンスの複雑性

② 製品・サービスの複雑性

③ 流通チャネルの複雑性

④ コミュニケーション目標の複雑性

次に岸＝田中＝嶋村（2000）の4つの有効条件を用い，IMC と DTC マーケティングを対比してまとめたのが，図表2-5である。岸ら（2000）は，①の「ターゲット・オーディエンスの複雑性」では，購買意思決定に複数の人が関与していたり，ニーズの異なる複数セグメントが存在する場合をあげているが，DTC マーケティングにおいては，医師を中心とした医療従事者と医療消費者の大きく2つのターゲットが存在する。②の「製品・サービスの複雑性」では，ハイテク製品や革新性の高い製品，多様な仕組みのある製品などをあげ

図表 2-5　IMC が有効となる条件と DTC マーケティングの特徴との比較

IMC が有効となる条件	DTC マーケティングの特徴
①ターゲット・オーディエンスの複雑性	
ニーズの異なる複数セグメントの存在	医療従事者と医療消費者（患者・生活者）の存在
②製品・サービスの複雑性	
ハイテク商品や革新性の高い製品	医薬品という生命に関わる重要な製品
③流通チャネルの複雑性	
流通業者が購買決定に大きな影響力を持つ	処方権を持つ医療機関を流通業者とした場合，購買決定に強力な影響力を持つ
④コミュニケーション目標の複雑性	
長期的ブランド構築と短期的な行動喚起など異なる目標の達成	潜在患者の発掘，早急な受診促進と疾病管理による長期服薬コンプライアンス維持

（出典）岸＝田中＝嶋村（2000）を参考に筆者作表

第Ⅱ部 DTCマーケティングの基本

ているが，医薬品は人体内で薬の持つ複雑な作用機序によって作用する。また
すべての人で微妙に作用が違うなど，服用には医師や薬剤師の詳しい説明が必
要なので十分複雑な製品ということができる。

　③の「流通チャネルの複雑性」では，流通業者が購買決定に大きな影響を持
つ場合をあげている。医薬品の場合，日本では流通業者というと医薬品卸を想
像しがちであるが，筆者は医療用医薬品を消費財とみた場合，医療機関そのも
のが流通業者として位置づけられると考える[20]。そして，流通業者としての
医療機関（医師）は，医療消費者に対して，処方権という強力な権限により医
療用医薬品の一方的な購買決定を行うことになる。

　④の「コミュニケーション目標の複雑性」では，長期的なブランド構築と短
期的な行動喚起などのように異なる目標の達成をあげているが，DTCマーケ
ティングでもDTC広告による潜在患者の発掘と受診促進という目標と，確定
診断された患者に対して長期的（または一定期間）の服薬コンプライアンスや
定期的通院を維持させる目標と，異なる目標の達成が必要である。

　以上のことから，DTCマーケティングはIMCの枠組みによるマーケティン
グ・コミュニケーション手法を踏襲した典型的なコミュニケーション手法であ
るということがわかる。

　DTCマーケティングを考えるうえでは，理論枠組みで関係の深いIMCを十
分理解する必要がある。また，IMCではコミュニケーション手段だけを統合
するのではなく，マーケティングの4Pすべてを統合しなければならないこと
がわかる[21]。製薬企業の重要な資産である営業部隊（MR）との連携[22]は，
DTCマーケティングに不可欠といえる。DTCマーケティングにより患者の受
診が促進されても，受け入れる医療機関サイドが該当する疾患やDTCマーケ
ティングを実施している製薬企業の製品のことをよくわかっていないと，違っ
た診断や他社の製品が処方されることになる。このため，DTCマーケティン
グに統合されたMRによるブランド・マーケティングも非常に重要である。

108

4．DTC マーケティングは，IMC のなかで生きてくる

DTC マーケティングは IMC の枠組みによるマーケティング・コミュニケーション手法を踏襲した典型的な手法であるということがわかったが，IMC としての DTC マーケティングの有効性を IMC に関する先行研究を通じて考察する。嶋口（2000）は，IMC の効果について次のように述べている。

① コミュニケーションを統合することによって 顧客への統一的なメッセージを作り，コミュニケーション・コストないし投資の削減や，無用な顧客イメージの混乱回避を行える[23]。

② 各コミュニケーション・メディアの有機的組み合わせによって，新たなコミュニケーション・シナジーも期待できる[24]。

しかし，嶋口は「現実に IMC の概念を花咲かせるには課題が多い」[25] と述べており，「統合の結合理念やコア概念をどう設定するのか，統合化にどの程度の柔らかさや冗長性を入れるべきか，具体的な手法をいかに開発するかなど，これからの解決すべきテーマも多いが，今後の理論化，手法化によっては魅力的な研究分野である」[26] としている。有賀（1996）が述べているように発祥の地アメリカでもこれらのテーマは統一されておらず，今後のさらなる研究が待たれる[27]。先行研究に IMC の事例として DTC マーケティングと解釈できるものがいくつかあげられているので，これを紹介する。

「トランジションズ・コンフォート・レンズ」の事例を紹介した Percy（1997）は「戦略的に優れた内容の IMC プログラムを開発できた場合，そこからいかに大きな力が発揮されるかがわかる」[28] と述べている。消費者と流通業者としてのアイ・ケア専門家が，ターゲット・オーディエンスとして設定されており，「レンズを生産財として考えた場合はアイ・ケア専門家に対する『プッシュ戦略』，消費財として考えた場合は患者に対する『プル戦略』の展開が必要であり，双方を対象とした積極的なマーケティング・コミュニケーションが要求される」[29] としている。そして，「IMC という視点に立ってプランニングを行い，効果的なコミュニケーション活動が行われ，

第II部　DTCマーケティングの基本

あらかじめ設定されたマーケティング目標をはるかに上回る成果が達成され
た」[30]と述べている。ここでは，「あらゆるコミュニケーション活動をある特
定の部門で集中して管理するという方法が採用され，あらゆるマーケティン
グ・コミュニケーション活動に関する十分な知識が備わっていたからこそ大き
な成果が実現された」[31]としている。Kotler ら（1997）も統合型マーケティ
ング戦略を実現するために，自社のコミュニケーション全般に責任を持つマー
ケティング・コミュニケーション管理者を任命することが必要であるとしてい
る[32]。

　Kotler（1999）は，事例としてワーナー・ウエルカム社の抗ヒスタミン剤
「ベナドリル」をあげている。「同社は，この薬をアレルギーに苦しむ人向けに
販売したいと考えていた。そこで，広告と PR によってブランド認知を高め，
また，各地域の花粉情報を伝えるフリーダイヤルの番号を広告した。このフ
リーダイヤルに 2 回以上電話すると製品の無料サンプル，クーポン，製品につ
いての詳細な資料，さらにアレルギーに上手に対処する方法やアドバイスを盛
り込んだニューズレターがもらえる仕組みになっていた。彼らのもとには，今
でもニューズレターが届けられている」[33]。

●プッシュ戦略とプル戦略と IMC

　Percy（1997）は「トランジションズ・コンフォート・レンズ」の事例で
プッシュ戦略とプル戦略の両方を組み合わせることを IMC としているが，こ
れをわかり易く図にしてみよう。図表 2-6 は消費財における IMC を示したも
のである。プッシュ戦略では，メーカーの営業が卸問屋に自社商品を沢山扱っ
てほしいと働き掛け，小売店には自社商品をなるべく有利に店頭においてほし
いと働きかける。その際小売店に，新商品の発売キャンペーンで 1 カ月間テレ
ビや新聞・雑誌で広告を大量に露出することなどを伝えて「お客さんはこの期
間沢山来店します」と伝えたりする。またプル戦略では，営業によるプッシュ
戦略が十分に浸透したタイミングで計画的に広告を出稿していく。図表 2-7 は
同じ枠組みを DTC マーケティングにあてはめたものである。消費財とその構

110

第2章 統合型マーケティング・コミュニケーションとDTCマーケティング

造は全く変わらないのがわかるだろう。小売店が医療機関になるだけである。筆者がDTCマーケティングを日本で紹介し始めたころは，この「医療機関」が消費財の「小売店」に該当するという考えをなかなか理解してもらえなかった。小売店は扱う商品の専門家（専門業者）ということができ，専門に医療を提供する医療機関はいわば医療の小売店とも言えるだろう。前述のPercy (1997) もアイ・ケア専門家を流通業者と言い切っており，このことからも医

図表2-6　プッシュ戦略とプル戦略とIMC

図表2-7　プッシュ戦略とプル戦略（DTCマーケティングの場合）

第Ⅱ部　DTC マーケティングの基本

療機関はプッシュ戦略の対象となる流通業者／小売店に該当すると考えるのが自然である。

　このように見ていくと DTC マーケティングは，製薬業界だけにしかない特殊なマーケティング手法ではなく，IMC の一般理論を用いて説明できるので他の産業で使われている IMC の事例などを研究すれば DTC マーケティングにとっての良いヒントが沢山得られるだろう。

● J&J 社の成功事例に学ぶ

　Duncan ら (1997) は，メディアの完全統合に成功した例として米国 Johnson & Johnson 社（以下，J&J という）の使い捨てコンタクトレンズ「アキュビュー」のキャンペーンを紹介している。「顧客および流通データベースが運営の軸となり，これらを利用して J&J は，同社と潜在患者と地元の眼科医の三者それぞれの関係性を管理していった。具体的なキャンペーンは，まず，マスメディアを使った積極的なプル戦略によって，潜在顧客が J&J に名乗りをあげるように働きかけた。次に，名乗り出た潜在顧客が地元の眼科医のところに出向くように，コンタクトレンズのトライアル使用に対するインセンティブを用意した。J&J が活用したマーケティング・コミュニケーション・ツールは，新製品発売を告知するためのマスメディア広告，『安全』という信頼性メッセージを発信するための PR 活動，流通に対するテレマーケティング，継続的に情報を提供しつつ関心を喚起するための流通および消費者向けのダイレクトメール，トライアルとリピート購入を促進するためのクーポンプロモーションなどだった」[34]。

　日米における法規制の違いなどから，これらの事例をそのまま日本の医療用医薬品（医療用具）には当てはめることはできないが，IMC の成功事例として医療関連製品がこのようにとりあげられていることは，IMC としての DTC マーケティングの有効性を物語るものと考える。

　筆者は，DTC マーケティングの大きな目的の一つとして患者の長期服薬コンプライアンスの維持[35]もあると考えているが，このためのコミュニケー

図表 2-8　医療消費者（患者・生活者）ロックインの効果

DTC マーケティング推進により，医療消費者を自社製品にロックインする。

・長期服薬維持 ・定期的通院維持		・常に新患発掘 ・すぐにドロップアウト

効果：長期的には，コミュニケーションコストが下げられる。

ション手法はまさしく一般消費財の顧客ロックイン[36]と同じ手法ではないかと考える。医療消費者をロックインするということは，長期的に見てコミュニケーション・コストの削減効果があると考える（図表 2-8）。CRM（Customer Relationship Management：顧客関係性のマネジメント）の概念による顧客ロックインについては，拙著『新版 DTC マーケティング』[37]第 6 章を参照されたい。

5．IMC とクロスメディア

　DTC マーケティングでも「クロスメディア」が盛んに言われるようになってきている。相変わらずテレビスポット広告による DTC 広告を中心とした提案をしている広告会社もあるようだがこれはむしろ少数派で，多くの製薬企業で DTC はクロスメディアで推進ということが，しっかりと認識されてきている。とくに製薬企業では医師とのコミュニケーションでいち早く Web サイトを利用したこともあり，Web サイトもメディアの一つという認識はすでに確立されている。

　クロスメディアというと単に複数のメディアをクロスさせて展開するという意味にも捉えかねられないが，これだとメディアミックスと変わらず，正しくない。電通ではクロスメディアを「ターゲットを動かすためのシナリオ（導線）づくり。すなわち，ターゲットインサイトやメディアインサイトに基づいて，広さ（リーチ＆フリークエンシー）と深さ（関与が高まる度合い）を考えたコミュニケーションのシナリオ（導線）を，複数のコンタクトポイントを効

第Ⅱ部 DTCマーケティングの基本

果的に掛け合わせ作ること」[38]と定義している。

筆者も本章で，DTCはIMC（統合型マーケティング・コミュニケーション）であると述べたが，電通のクロスメディアの定義でも「IMCのなかで，とくにコンタクトポイントを掛け合わせた仕掛けに着目したプランニング手法のこと」[39]と解説されている。IMCのなかで，医療消費者や潜在患者などとのコンタクトポイントをよく考えたうえで巧みに組み合わせて最大限の効果を求めていくことがDTCにおけるクロスメディアであるといえよう。

注

1) AAAA：米国広告業協会，有賀訳（1996），p. 29。

2) 同上。

3) Schultz（2004），中尾訳，p. 19。

4) Percy（1997），邦訳1999，p. 1。

5) 岸＝田中＝嶋村（2000），pp. 45-46。

6) 有賀（1996），p. 29。

7) 嶋口（2000），p. 23は，事業活動を取り巻く外部環境（顧客，競争，流通，社会環境）への創造的，革新的な適応行動の変遷がマーケティングのパラダイム・チェンジであるとしている。

8) Kotler（2000），邦訳，p. 699。

9) Calder, Reagan（2001），邦訳，pp. 95-97。

10) 同上。

11) Duncan（2002）.

12) 有賀（1996），p. 30。

13) 有賀（1996），pp. 32-33。

14) 同上。

15) Percy（1997），邦訳，pp. 21-108。

16) 同上。

17) 同上。

18) Percy（1997），邦訳，p. 237。

19) 岸＝田中＝嶋村（2000），p. 49。

20) 米国の医薬品卸は，日本の医薬品卸のように営業機能を持っておらず，もっぱら物流や医療機関内の医薬品在庫管理などを担っている（ソネット・エムスリー株式会社取締役COO Tom Callaghan氏＝2002年9月時点）。米国で医療品の流通業者といった場合，医療機関を指すようである。Percy（1997，邦訳1999，pp. 311-331）もIMCの事例で，処方権のあるアイ・ケアの専門家と患者の関係において，アイ・ケアの専門家を「流通業者」

第2章　統合型マーケティング・コミュニケーションと DTC マーケティング

としている。

21) Kotler（1999），邦訳 2000，p. 192。

22) 米国では「DTC＋大規模な営業部隊（MR）による医師対策」が一般的になっており，大量患者発掘，大量処方が目指されている。その典型例がファイザー社である。同社は，日本でも本国と同様なマーケティングを展開しつつある（前出（第1章），Tom Callaghan 氏）。

23) 嶋口（2000），p. 96。

24) 同上。

25) 同上。

26) 同上

27) 有賀（1996）。

28) Percy（1997），邦訳 1999，pp. 311-331。

29) 同上。

30) 同上。

31) 同上。

32) Kotler, Armstorong（1997），邦訳 1999，p. 507。

33) Kotler（1999），邦訳 2000，p. 192，（2000），邦訳 2001，p. 698。

34) Duncan, Moriarty（1997），邦訳 1999，pp. 248-252。

35) 最近は「コンプライアンス」という言葉ではなく「アドヒアランス」という言葉が推奨されているようである。

36) 中川＝日戸＝宮本（2001）は「ロックイン戦略」について，CRM の概念に体系的な戦略を適用するものであるとして，「顧客との長期的関係を構築するためのさまざまな戦略を，顧客サイドの視点からロジックを組み立て，体系づけたものである」としている。

37) 古川隆（2009b）。

38) 電通クロスメディアコミュニケーション WEB（2009）。

39) 同上。

第3章

DTCマーケティングの
コミュニケーションモデル

1. 日本の医療環境のなかで DTC はどう根づくか
2. DTC マーケティング実施の必要条件
3. DTC マーケティング実施ポイントとコミュニケーションモデル
4. 補　足

(『DTCマーケティング』(2005),『新版 DTCマーケティング』(2009), 日本評論社, 一部加筆修正)

第Ⅱ部　DTC マーケティングの基本

　日本においても 20 年近くに渡って DTC マーケティングが実施され普及してきている。米国と比べ，医療制度や医療消費者特性などの違う医療環境のなかで，日本の DTC マーケティングはどのように考えたらよいのだろうか。本章では日本における DTC マーケティングのあり方についてさまざまな面から考察してみたい。

　（本章は『DTC マーケティグ』(2005) 日本評論社，ならびに『新版 DTC マーケティング』(2009) 日本評論社に，執筆した各章に必要最低限の加筆修正をしたものである。内容に当時のままの部分があることをあらかじめ了承頂きたい）

1．日本の医療環境のなかで DTC はどう根づくか

　日本政府は，増大する国民医療費の抑制のために，医療制度改革を当初より1 年遅れで 2003 年度に実施した。同年 4 月からサラリーマンの健康保険本人負担が 3 割へと引き上げられ，保険種類間の負担格差がなくなった。また，厚生労働省は医療制度改革本部のもとに医療提供体制の改革に関する検討チームを設置し，同年 8 月に「医療提供体制の改革ビジョン」を取りまとめた。この改革ビジョンは 3 部構成で，① 患者の視点の尊重，② 質が高く効率的な医療の提供，③ 医療の基盤整備からなっている。患者中心の医療を具現化する施策が盛り込まれたことにより，今後は「患者（医療消費者）中心の医療」が進むものと思われる。これにより，医療消費者の立場は従来より高くなることが予想される。医療消費者自身も疾患や医療に対する知識レベルを高めてきており，患者主体の医療改革が模索されつつある。

　医師向けの医療雑誌『日経メディカル』では，「21 世紀の医療システムを考える研究会」を 1998 年 1 月に発足させ，日本の医療のあり方を根本から検討してきた。この研究会では医療サイド，患者サイド，製薬企業サイド，医療システム研究者，そして医療専門記者といった立場も世代も違う人たちが参画し，医療に関するさまざまな問題について討議をしており，非常に興味深い。1998 年 12 月に発表された「患者主体の医療改革への提言」[1] を以下に紹介す

る。

●基本理念と目標

医療の主体は患者である。患者の「安心・納得」を尊重する原則を保証するシステムとしなければならない。

1．患者の自立を図る。
2．医療情報の提供を進める。
3．質の高い医療を確保する。
4．需要に応じた医療供給体制を作る。

最近ではインターネットの普及により疾患情報などをインターネット上で収集し，部分的には専門家並みの知識を身につけた患者が病院を訪れるという現象も一部で起きている[2]。今後は日本においても米国と同様に「医療の主体は患者である」という意識が広く確立されていく必要があろう。製薬協の生活者意識調査で，医療消費者の情報ニーズと医療・医薬関係者からの説明内容にギャップがあるのがわかった。処方された薬について患者が入手したい情報で最も多かったのが「薬の副作用」（68.0％）だったのに対して，医療・医薬関係者からの説明は23.0％にとどまった。「薬の服用方法」については医療・医療関係者の説明は79.8％だったのに，患者は34.4％しか入手したいと思っていなかった（図表3-1）[3]。

医療消費者が自立するためには医療消費者自身が積極的に医療情報を収集していくことが不可欠であるし，収集した医療情報を正しく理解する能力も身につけなければならない。このような患者自立のためには，自立を支援するための何らかの仕組みが必要である。医療情報の提供に関しても，統合的で正確な情報提供システムの整備が必要である。今後さまざまな仕組みや情報提供システムが模索されていくものと思われるが，DTCマーケティングによる情報提供もその仕組みの一つに当てはまるものと考える。

前出と同じ調査で医療消費者の製薬産業からの情報入手意向は「ぜひ入手したい」，「機会があれば入手したい」の合計が，1999年には44.9％であったの

第Ⅱ部 DTC マーケティングの基本

図表 3-1 医療消費者の情報ニーズと医療・医薬関係者からの説明内容にギャップ

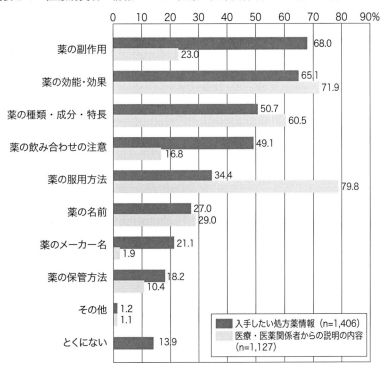

(出典) 日本製薬工業協会・広報委員会 (2002)

に 2002 年では 60.9％と大幅に増加している (図表 3-2)。また, 製薬産業から入手したい情報は, 「薬についての基本的知識」(59.3％), 「自分がもらっている薬について」(54.7％), 「薬の正しい使い方」(42.2％) であった[4]。

疾病管理の観点からも DTC の役割は重要である。疾病管理については坂巻[5], 當麻[6], 長谷川[7], 坂巻＝池田[8] に詳しいが, 疾病管理の概念は, 米国で HMO などの保険者によって考案され, ある特定疾患についてその予防から治療までをエビデンスに基づく最も効果的な方法で行うことである。臨床ガイドラインは治療の最適な道筋を示したものだが, 疾病管理では患者の行動に介入して薬のコンプライアンスを上げることや, 生活習慣を変えるための継続的

120

第3章 DTCマーケティングのコミュニケーションモデル

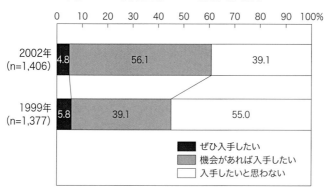

図表 3-2　製薬産業からの情報入手意向

(出典) 日本製薬工業協会・広報委員会 (2002)

なコンサルテーションまでも包含する[9]。日本においての疾病管理プログラムに関しては，プロフェッショナル集団としての医師・医療機関が中心となり，政府や製薬企業の協力のもとで開発を行っていく方向が望まれる[10]。製薬企業が提供するDTCマーケティングのDTCプロモーションの部分は，この疾病管理の機能を持つことになるので，他の疾病管理プログラムと十分連携をとって機能させてほしい。

2．DTCマーケティング実施の必要条件

これまで述べてきたようにDTCマーケティングは医療用医薬品の新しいコミュニケーション手法として注目に値するが，実際に医療用医薬品のマーケティング・コミュニケーションに用いるには，その疾病領域や製品についていくつかの条件があると考える。簡潔にまとめると以下のようになる。(『新版DTCマーケティグ』(2009) 日本評論社，当時の内容である)

● DTCマーケティング導入の必要条件
【疾患領域】

第Ⅱ部　DTC マーケティングの基本

①　潜在患者（未治療患者）が，顕在患者（治療患者）より明らかに多い疾患
②　医療消費者の知識レベルが低い疾患（または，新しい定義の疾患）
③　適切に治療しないで放置すると重篤化（最悪の場合，死亡）したり，患者の QOL が著しく損なわれる疾患
④　治療のために長期間服薬（治療）を続ける必要がある疾患

【製品】

⑤　競合品より効果が高い製品（または，競合品より明らかに効果が劣らない製品）
⑥　患者 1 人あたりの単位期間薬剤費が比較的高い製品

また，必ずしも必要ではないが，導入が有効な条件は下記のとおりである。

● DTC マーケティング導入の有効条件

【疾患領域】

①　（精神疾患など）第三者に相談しにくい疾患
②　薬剤費負担や副作用のために，治療（服薬）開始に躊躇するような疾患
③　治療のために患者を取り巻く社会の理解が必要な疾患

【製品】

④　類似薬効のなかで最も先に発売される製品
⑤　すでに発売されている製品の場合は，その市場シェアの高い製品

具体的に必要条件にあてはまる疾患としては，まず 3 大生活習慣病があげられる。糖尿病，高血圧症，高脂血症などである。他に緑内障や切迫性尿失禁，片頭痛，慢性閉塞性肺疾患（COPD）などがある。また有効条件も含めての疾患となると，うつ病，C 型肝炎，ED（勃起不全），悪性腫瘍などがあり，これらの疾患にも DTC マーケティングを用いることが可能であると考える。第三者に相談しにくい疾患での DTC マーケティングの例では，ED の DTC 広告が日本でも最近目につく[11]。また，緑内障は日本人には正常眼圧緑内障が多

122

く，米国などに比べ潜在患者数が多いため，日本において緑内障治療薬を発売している製薬企業が，DTC マーケティングを展開している例もある。

　日本では外資系製薬企業を中心に，海外でのケースを参考にした DTC マーケティングを積極的に実施してきている。今後多くの製薬企業が本格的にDTC マーケティングを始めることが予想される。現在のところ実施している各社は DTC 広告による疾患啓発と受診促進が中心となっているが，今後は患者の組織化，または既存患者団体との協働作業や患者の疾病管理の観点からのDTC プロモーションが盛んになるだろう。ただし，日本においては，以下の各点を十分に考慮したうえで，DTC マーケティングを実施することが必要であると考える。

① 医療および医療用医薬品に対する米国との法規制や制度の違い
② 従来行われてきた医師を主な対象とした営業部隊によるコミュニケーション（医薬品プロモーションの中核となっている MR を日本ではDTC マーケティングでも有効活用する必要がある）[12]
③ 手厚い医療保険制度に慣れた医療消費者の意識

3．DTC マーケティング実施ポイントとコミュニケーションモデル

　前節で検討した考慮ポイントを踏まえて，日本の製薬企業にとっての今後のDTC マーケティングの実施ポイントを，コミュニケーションモデルを示しながら解説する。（『新版 DTC マーケティグ』（2009）日本評論社，当時の内容である）

⑴　医療消費者の啓発と医療機関への受診促進

　疾病構造の変化により，自覚症状の少ない生活習慣病や，新しい定義の疾患が増えている現状を踏まえ，潜在患者を発掘する DTC マーケティングでは，まず医療消費者に対して正しい疾患情報を啓発する活動を十分に行う。そして，疾患啓発により自分がその疾患ではないかと認識した潜在患者を，医療機関に受診させることが必要である。

第Ⅱ部　DTC マーケティングの基本

(2) 医療機関への DTC 情報の提供

疾患啓発により発掘された潜在患者を受け入れ診断する医療機関へも，DTC マーケティングによる正しい情報の伝達が必要である。とくに DTC マーケティングで大切なのは，発掘された潜在患者を受け入れる医療機関サイドが疾患や治療方法について十分な知識・情報をもっていないと疾患を見逃してしまい，結局患者が顕在化しないことである。

(3) 患者の組織化と情報提供

疾患の種類にもよるが，DTC マーケティングの対象となる多くの疾患は比較的治癒までに長い時間がかかる。疾病管理（とくに服薬コンプライアンスの維持）と顧客ロックインの観点からも，患者の組織化と定期的な情報提供が必要である。現状でも患者による自主的な「患者の会」は存在するが，DTC マーケティングでは製薬企業が CRM の観点からオリジナルの患者組織を構築することにより，疾病管理のサポート母体とするのが有効的である。

(4) 医師（専門医・非専門医）のネットワーク化

疾患啓発されて発掘された潜在患者を受け入れる医療機関サイドでも十分な受け入れ準備が必要であると述べたが，医療機関への DTC マーケティング関連の情報提供は，第三者的な意味を持たせる必要性から製薬企業単独で行わない方がよい。客観的な情報提供とするためにも，その領域の権威ドクターによる中立的なアドバイザリーボードを組織したり，製薬企業提供によるニュートラルな学術シンポジウムなどを開催して，DTC マーケティングで用いる情報を精査する。そして，DTC マーケティングを医師も含めたネットワークとして構築する必要がある。

以上の目的をすべて満たすために，筆者の考える日本における今後の DTC マーケティングのコミュニケーションモデルの一案を，図表 3-3 に提示する。このコミュニケーションモデルを，DTC マーケティングを実施するうえでの各ポイントに分けて，具体的に用いるプログラムなどをあげながら解説してみよう。

124

第3章 DTC マーケティングのコミュニケーションモデル

図表 3-3 日本における DTC マーケティングのコミュニケーションモデル

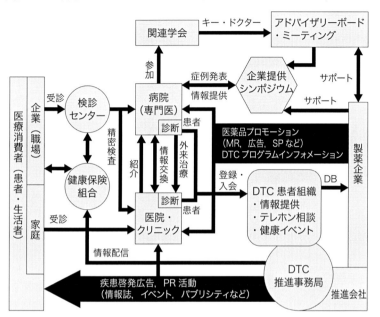

● DTC マーケティングのポイント(1)：医療消費者の啓発と受診促進（図表 3-4）

① 該当製品の疾患領域権威ドクターによるアドバイザリーボード・ミーティングを組織する。DTC マーケティングに関するすべてのプログラムは，このアドバイザリーボード・ミーティングに諮ることにより，客観性と権威性を持たせるようにする。アドバイザリーボード・ミーティングはもちろん製薬企業がサポートする。

② 実際の DTC プログラム推進のために広告会社などの推進会社を選定し，その会社内に DTC 推進事務局を設置する。この事務局は，提供する情報やプログラムの客観性を確保するために，製薬企業名を前面に出さずに中立的な NPO などとして設立する。

③ 推進会社は事務局をとおして，DTC マーケティングのなかの DTC 広

第Ⅱ部　DTCマーケティングの基本

図表 3-4　「医療消費者の啓発と受診促進」DTC 広告＋ DTC-PR

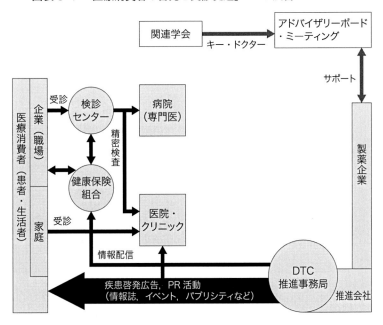

告や DTC-PR 活動を展開する。具体的には疾患啓発広告の露出，疾患啓発情報誌の発行，疾患に関連する健康イベントの開催，疾患に関するパブリシティ，疾患啓発 Web サイトの開設，疾患に関する電話活動，健康保険組合への疾患関連情報の配信などがある。疾患に関するパブリシティでは，アドバイザリーボード・ミーティングのメンバーである権威ドクターの協力を受ける。

④　さまざまな DTC 広告や DTC-PR 活動により，潜在患者が企業や家庭から掘り起こされ，医療機関へと受診促進される。生活習慣病などの場合，企業内の健診で異常が発見されても自覚症状が少ないために早期に精密検査に至らない場合がある。PR 活動でこれらの精密検査受診の促進を図るとともに，健診機関の協力を得て，精密検査受診を促進したり，メディカルコールセンターによる受診促進電話活動をすることも重要である。

第3章 DTC マーケティングのコミュニケーションモデル

●DTC マーケティングのポイント(2)：医療機関への DTC 情報の提供（図表 3-5）
　① 病院や医院・クリニックなどの医療機関に対して製薬企業の MR などにより情報提供を行う。情報提供は，DTC マーケティングにより処方を得たい該当製品のブランド・マーケティングとしての製品情報と，DTC プログラムに関する情報の 2 種類になる。
　② 製品情報提供は，従来のプロモーションツールを用いて主に MR が行う。すなわち，製品情報概要，製品解説ビデオ，関連文献などである。営業部隊である MR の活動以外にも，DM や医学専門雑誌の広告などを通じて製品情報を提供する。DTC 広告にて医療消費者に製品名を露出できない日本においては，DTC マーケティングと同時に行う医師に対してのブランド・マーケティングとしての製品情報の提供はとくに重要な意味を持つ。
　③ DTC プログラムに関する情報提供は，特別に訓練された DTC-MR が，

図表 3-5　「医療機関への DTC 情報の提供」DTC プロモーション

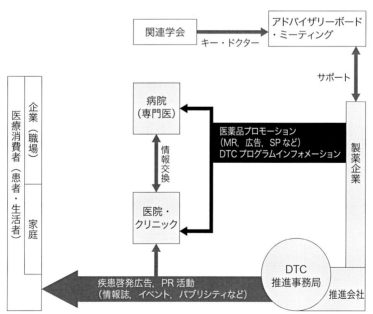

第Ⅱ部　DTC マーケティングの基本

各エリアで MR を教育し，担当施設に同行して行う。

④　DTC プログラムに関する情報提供は，専用のツールにより行う。実施されている DTC プログラムに関するドクター向け解説パンフレット，潜在患者が医療機関を受診してその疾患に確定診断された時に手渡されるスターター・キットなどがある。このスターター・キットは重要で，ボックスやバインダーまたはビデオケース形態のものが手渡される。このなかには，これから疾患と付き合っていく患者向けの疾患解説小冊子や疾患解説ビデオ，患者の家族向けしおり，患者組織の入会案内，患者組織から受けられるサービスの解説書などがコンパクトに収められている。

⑤　DTC プログラムに関する情報は Web サイトのドクター向け専用ページでも医療機関のドクターが自由に閲覧できるようにする。Web サイトの内容は，アドバイザリーボード・メンバーにより監修を受け，提供するプログラムの客観性と権威性を持たせる。Q&A コーナーなどにより，その疾患の非専門医に対しても必要な情報を提供するようにする。

●DTC マーケティングのポイント⑶：患者の組織化と情報提供（図表 3-6）

①　病院や医院・クリニックで確定診断された患者に対して，DTC 推進事務局が提供する患者組織への入会を勧誘する。ポイント⑵で述べたドクターから渡されるスターター・キットのなかに患者組織への入会案内書が入っており，ドクターは手渡す際に入会を勧める。患者は入会申し込み書をドクターに手渡すか，事務局に郵送することにより患者組織に登録される。確定診断するドクターの協力が不可欠であり，DTC プログラムに参加してもらうドクターには，事前に DTC-MR など DTC プログラムを熟知した MR から十分な説明を行っておく。

②　患者組織に入会した患者には，一定期間，会員としてのさまざまなサービスや情報提供が行われる。例えば疾患に関する定期情報誌（会報）の送付，電話や FAX による疾患相談，会員参加の健康イベント，Web サイトや E メールによる疾患情報提供などである。DTC 推進事務局には，スタッフとして看

図表 3-6 「患者の組織化と情報提供」DTC プロモーション

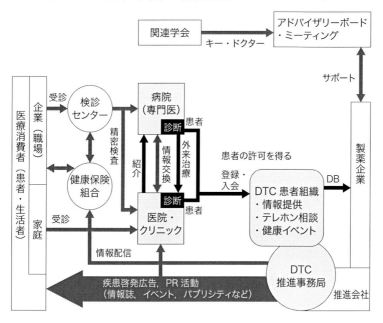

護師や保健師をそろえ，会員である患者からの問い合わせにもきちんと対応できるようにする。

③　定期情報誌の送付は，疾患に関する知識の啓発を図るだけでなく，治療期間中のドロップアウトを防ぎ定期的な通院を促す疾病管理的な意味もある。定期情報誌の他に，消耗品のサービス品を定期的に送付するのも良い方法である。筆者の知るオーストラリアのDTC事例では，歯ブラシを定期的に送り2週間ごとの通院を促していた。定期的な通院を促す方法としては，メディカル・コールセンターによる通院促進電話活動も有効である。

●DTCマーケティングのポイント(4)：医師のネットワーク化（図表 3-7）

①　ポイント(1)でも述べたが，DTCマーケティングを実施する際は，その疾患領域の権威ドクターの協力を得ることが不可欠である。アドバイザリー

第II部 DTC マーケティングの基本

ボードとして，全国から数名の権威ドクターを招聘しアドバイザリーボード・ミーティングを組織する。準備に時間がかかることを考えて DTC マーケティング実施の少なくとも1年から2年前には組織化を終えておく必要がある。ボードメンバーにはそれぞれ DTC マーケティングに関連する役割を担ってもらう。とくに医療消費者向けのプログラムは，比較的若く発想が柔軟なドクターに担当してもらうとよい。アドバイザリーボード・ミーティングは年数回の開催が適当で，個別のプログラムに関しては担当のドクターと直接進めていく。

　②　DTC マーケティングの実施規模によっては，アドバイザリーボード・ミーティングの下にステアリングコミッティを組織することもある。アドバイザリーボード・ミーティングは権威ドクターの集まりのため，迅速な動きや実務的な活動が難しい。ステアリングコミッティを組織することによりこの欠点を補う。ステアリングコミッティには，アドバイザリーボード・メンバーから1名，提供する製薬企業から DTC マーケティングの責任者1名，DTC マーケティングを受託している推進会社から数名，事務局からの専従スタッフ数名で組織する。文字どおり DTC プログラムの実務推進を円滑にする組織である。

　③　医師のネットワーク化のもう一つの手段に，製薬企業提供によるその疾患領域の学術シンポジウムなどの開催がある。DTC マーケティングに限らず医療用医薬品マーケティングでは，企業提供のシンポジウムは欠かせないものである。その性格をよりニュートラルにすることにより，DTC マーケティングで提供する学術情報の客観性を確保する機関とすることを目指す。海外から権威ドクターを招聘したり，DTC プログラムに参加しているドクターに出席してもらい，DTC プログラムによる治療効果などの結果データを発表してもらう。通常の医薬品マーケティングにおけるキー・ドクターやターゲット・ドクターとのリレーション作りも兼ねることができる。

　④　DTC マーケティングに用いる医学エビデンスが不足する場合は，十分リードタイムを置き，前もって第三者機関などに依頼してエビデンスを補強しておくことが必要である。医療消費者は医薬品の信頼性の高い情報の提供を望

第3章 DTCマーケティングのコミュニケーションモデル

図表 3-7 「医師のネットワーク化」DTC プロモーション

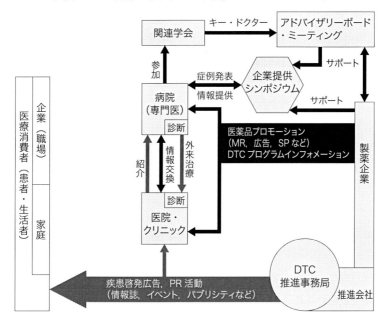

んでおり[13]，医療消費者のためになるエビデンスを用意できるかできないかがDTCマーケティングの成否を決めるといってもよい。

⑤ 疾患によっては，病院と医院・クリニックの連携が必要になる場合がある。医師のネットワーク化では，この点にも留意し，患者の紹介やお互いの情報交換がしやすいようなプログラムも考える。

⑥ シンポジウムに連動して，DTCマーケティングで受診促進された患者を受け入れる際の対応方法などをテーマにしたセミナーの開催も有効である。オーストラリアの事例では，この種のセミナーを修了したドクターのいる医療機関に対して，その旨を表示する専用ステッカーを交付している。日本においても将来このようなセミナーが開催できる環境になれば，患者の診断・意思決定を支援できるのでよいと思う。

第II部　DTC マーケティングの基本

4．補　　足

　前述の第1節から第3節に関しては『新版DTC マーケティング』（2009）
に執筆した内容をあえてそのまま収載している。当時から状況の変化もあるの
で，留意すべきものについてここで補足をしておく。

（DTC マーケティング導入の有効条件）

　前著[14] で有効条件の一つとして，「その市場シェアの高い製品」と述べた
ことから，DTC では市場シェアトップの製品でないと実施できないという誤
解を受けることがあった。DTC は IMC であると第2章で述べたが，消費財の
世界では市場シェアに関わらず競合する各社は盛んに IMC を実施している。
DTC でも同様である。DTC コミュニケーションの目的と市場のシェアの問題
は別であると考える。図表3-8 にてこのことを説明する。DTC コミュニケー
ションの目的は多くの場合市場の拡大である[15]。まだその疾患領域に潜在患
者が多い場合などDTC を実施することにより潜在患者を顕在化させることに
より市場全体を拡大するのが大きな目的となる。一方，市場のシェアについて
は従来の MR 活動などによるドクターコミュニケーションが重要となる。そ
の疾患領域の治療薬市場において自社製品のシェア拡大を図るためには IMC
におけるプッシュ戦略である MR の活動が不可欠である。このことをしっか
りと理解すれば，必ずしも市場シェアが No. 1 の製品でなくても新製品などで
製品に十分な力があり，MR がその疾患領域で強ければ，どんどん市場シェア
を伸ばして行くことができる。それに伴って DTC コミュニケーションにより
市場全体を拡大すれば，自社製品が占める面積は自ずと広くなるのである。よ
くドクターコミュニケーションが先か，DTC コミュニケーションが先か，あ
るいは同時に実施するのがよいのかという質問を受けるが，それはその疾患領
域の治療薬市場の状況，自社製品の製品力，MR の営業力などによって変わっ
てくる。一概にどちらが先がよいとは言い切れない。

132

図表 3-8　DTC と市場の関係

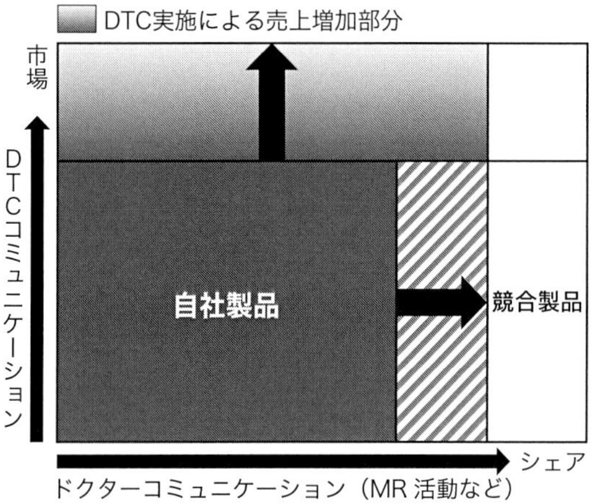

□ DTC実施による売上増加部分

市場

DTCコミュニケーション

自社製品　→　競合製品

ドクターコミュニケーション（MR 活動など）　シェア

（DTC 推進事務局）

前著[16] で DTC を実施する際に DTC 推進事務局を設置するのがよいと述べた。実際に過去には，広告代理店や広報代理店などに委託して実施のための事務局を設置して DTC を進めていたケースがあったようだ。一部のケースで製薬企業の社名が前面に出てこないことをよいことにあたかも客観的な組織であるかのように装って，信頼性に疑問のある情報を流したりしたことがあったことから，コンプライアンス上問題があるとされ，情報の発信元は明確でなければいけないという動きが強まり，現在では DTC を実施する際には製薬企業が堂々と社名を前面に出して実施するように変化してきている。前著でも信頼性に疑問のある情報を提供するために推進事務局を設置すべきと述べたつもりはなく，客観的な情報提供が大前提であるのは変わらない。DTC で使用するエビデンスデータの厳格化などについては第 4 章でも述べている。

（MR の活動）

前著[17] で医療機関へ DTC に関する情報提供をするのは，特別に訓練された DTC-MR が行うべきと述べた。しかし，実際には DTC 専門の MR が養成

第Ⅱ部　DTC マーケティングの基本

され導入されたと聞くことはなく，現在は普通の MR が DTC に関連する情報提供にもあたっている。それだけ DTC が普及したということで，特別な訓練などしなくても，もともと優秀な日本の MR はその業務を遂行できるということだろう。医療機関への DTC に関する情報提供も実施する各社が工夫をしてさまざまな資材を作成して活用している。いくつかの製薬企業では，医療関係者側からみた疾患に関する認識と患者側からの疾患に関する認識のギャップをきちんと調査して浮き彫りにして情報提供を行っているのを聞いたりすると前著で述べたことがすでに実践されているので嬉しくなる。

注
1）21 世紀の医療システムを考える研究会著　日経メディカル編（1999）。
2）高志＝小又（2001）。
3）日本製薬工業協会・広報委員会（2002）。
4）同上。
5）坂巻（1997）。
6）當麻（1998）。
7）長谷川（1999）。
8）坂巻＝池田（1999）。
9）日本でも一部の保険者が組合員向けの保健活動として疾病管理に取り組み始めた。また，医療技術や薬剤を，一連の医療サービスのなかで適切に評価するための枠組みとして活用する可能性も示唆されている。松田＝坂巻編（2004）。
10）深代（1998）。
11）ファイザー社の ED 治療薬「バイアグラ」は，日本国内で医療品として承認される前に，個人による並行輸入により海外から日本に持ち込まれ，正しい服用方法がわからないまま服用され，死亡事故などの事件を起こした。当時の厚生省はこれを憂慮し，法規制の網をかぶせるべく，「バイアグラ」を ICH によるブリッジスタディ承認日本第 1 号として緊急に医薬品承認した経緯がある。現在はファイザー社が DTC により正しい疾患情報などを積極的に提供している。
12）製薬企業の MR については，佐賀（1993）第 2 部に詳しい。MR の情報化については，鈴木・安田（2001）に詳しい。
13）野林＝藤原（2004），p. 17。
14）古川（2009）。
15）最近は DTP（Direct to Patient）と称して，すでに確定診断され治療薬により治療が行われている既存患者に対して，新しく発売される自社の治療効果の高い製品への切り替えを目的としたプログラムも見られるようになったが，DTC 全体のなかでこれはまだ少数

第3章　DTC マーケティングのコミュニケーションモデル

であろう。
16）古川（2009）。
17）同上。

第4章
患者調査の手法とペイシェントジャーニーマップ

1. 患者像は一つではない
2. 患者調査の流れ
3. ペイシェントジャーニーマップについて
4. DTCのメッセージで用いるエビデンスデータ（数値）について

第II部　DTC マーケティングの基本

　DTC マーケティングが日本に導入され普及する以前から製薬企業では患者
調査を実施していた。しかしながら，その目的は自社の製品が医師によって処
方されるであろう患者像を探るということが主眼であり，疾患で苦しみ悩む患
者の本音や本心を洞察し読み解こうとするインサイト調査とは目的が違うもの
であった。従前の患者調査では製品マーケティング戦略の立案上，患者像を一
つの典型例に絞った方が製薬企業にとって便利であったためである。

　各社で取り組みが進んでいる DTC マーケティングの戦略立案やコミュニ
ケーションプラン立案のために実施する患者調査は，言葉は同じでも従前の調
査とはかなり違っている。むしろ消費財のマーケティングにおける消費者イン
サイト調査に近く，それがベースとなって患者調査に援用されてきているのは
間違いない。消費財では顧客視点のマーケティングが現在では主流であり，そ
のために消費者のインサイト（消費者の本心や望んでいること）を深掘りし，
読み解くための調査手法や分析手法が発展してきている。消費財のマーケティ
ングでは，消費者インサイト（コンシューマーインサイト）という言葉があ
り，「その商品を消費者はなぜ買うのか，消費者は実際その商品のことをどの
ように思っているのか，を明らかにしていく」[1] 考え方が基本である。

　最近，DTC マーケティングにおいてもこの消費者向けのインサイト調査手
法が積極的に応用され「患者インサイト」を明らかにすべく「患者は自分の疾
患（症状）をどのように思っているのか，どう感じているのか，それを治すこ
とについてどう考えているか」を明らかにしていく考え方が普及しつつある。

　また，同様に消費財のマーケティングでカスタマージャーニーマップを作成
してコミュニケーション戦略立案に利用するのを援用して DTC マーケティン
グの戦略立案のために，ペイシェントジャーニーマップが考案され利用され始
めている。

　本章では，この消費者インサイト調査を応用した患者インサイト調査とペイ
シェントジャーニーマップについて概観し，DTC マーケティングの戦略立案
やコミュニケーションプラン立案への活用について説明していきたい。

138

1．患者像は一つではない

　自らが病気になった時のことを考えてみよう。よく知られている疾患，例えば「高血圧」と診断され治療が始まったとして，自分の病状や病歴はあくまでも自分だけのものである。発症に至った背景や診断されるまでの経緯，また治療開始後の病状の変化や経過など似ている人はいるかもしれないが，全く同じという人はいないはずである。だから，高血圧の患者像を捉えるときに「高血圧の患者像は○○である」と一つの決まった見方のみで断定的に片付けてしまうことは，コミュニケーションの方法を考えていくうえでは一面的でとても危険である。1000人の患者がいれば1000の患者像があり，1000の患者インサイト，1000のペイシェントジャーニーマップが存在することになる。とはいいながら該当する疾患すべての患者の悉皆調査を実施することなど不可能である。被験者をリクルートし，そのなかで患者インサイトを探り，ペイシェントジャーニーマップを作成することなる。そのため最初に行う患者セグメントの設定は十分に時間を使ってできる限り検討しその把握に努めるべきである。

2．患者調査の流れ

　前項で述べたとおり，まず調査を始める前に患者セグメントを設定すべきである。どのような疾患でも患者セグメントは存在するはずである。定性調査としてグループインタビューやワンオンワン（1 on 1）インタビューを実施するにしても，事前にしっかりとセグメント分けができていないとグループの設定や被験者のリクルートもままならず，そこから導き出すペイシェントジャーニーマップの完成度も低くなる。しかしながら，疾患によっては患者セグメントそのものが全く未知である場合もあり，その場合はあとでグループ分けを行うことになる。図表4-1 [2]にセグメント準拠とルート準拠の考え方を示す。
　患者調査の方法はいろいろであるが，筆者が知る一般的な手順を図表4-2に示す。調査結果を受けてのアクションも図示している。これをもとに解説して

第Ⅱ部 DTCマーケティングの基本

図表 4-1　セグメント準拠とルート準拠の考え方

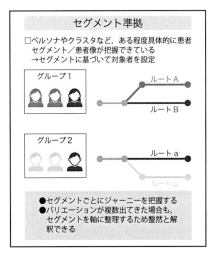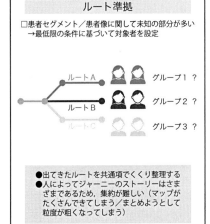

(出典) 鈴木夕子 (2017)

いこう。実際の調査では経験豊富な調査会社に調査を依頼すると思うので，調査会社のリサーチャーと十分に協議をして調査全体のフローも策定してもらいたい。すべてのDTCマーケティングにおける患者調査でこのような手順になるということではないことをお断りしておく。

(患者セグメントの設定)

　DTCマーケティングの検討を始めた時点で，大抵の場合はすでに該当する疾患の患者に関するセカンダリーデータ3）が存在しているはずである。例えば厚生労働省では，政府統計として患者調査を数年に1回実施して白書の公表をしている。また，その疾患に関連する学会や研究会でも疾患や患者に関する疫学調査などを実施している場合が多い。まずはこれらのセカンダリーデータを集めて整理し分析することから始めるとよい。また，社内でも該当する製品申請のための治験を実施した際に患者に関して調べていることも多い。プロダクトマーケティング戦略立案のための医師調査や患者調査の結果もあるだろう。

第4章 患者調査の手法とペイシェントジャーニーマップ

図表4-2　一般的な患者調査の手順

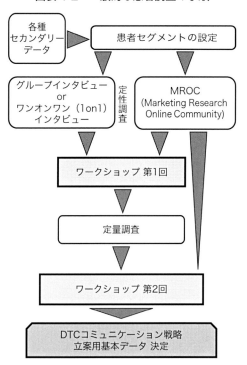

　プライマリーデータ[4]）を得るために患者調査を実施する前にこれらのセカンダリーデータをもとにして，その疾患の患者セグメントを設定することになる。セグメントはたくさんあればよいというものではない。例えばある疾患の患者に10個のセグメントが設定されたとしよう。それぞれのセグメントで被験者を5人ずつ集めようとすると全体で50名の被験者が必要になる。かといって一つのセグメントに被験者が1人というのはいくら定性調査と言ってもそのセグメントの患者像を探求するには不十分だろう。規模が大きくなれば調査費用もかさむことになり，なによりも実査にかかる時間が長くなることを考慮すべきである。必要十分なセグメント数と被験者数を設定しておき，実査が終わった段階で分析するデータが不足するセグメントが判明したら，すぐに追

第Ⅱ部　DTC マーケティングの基本

加で調査を行うという方法の方が現実的である。あらかじめ，そういう前提で
調査の設計もしておくべきである。最近では臨床治験のモニター募集のための
会員制ポータルサイトでの会員パーソナルヘルスケアレコード（PHR）を活
用して，対象となる疾患の患者インサイトを調査し分析をするサービスを提供
する企業も出てきており[5]，被験者のリクルートなどに時間がかかるという
ことも解消されてきている。

（定性調査）

　グループインタビューやワンオンワンインタビューは，設定された患者セグ
メントごとにそれに合致する被験者をリクルートし，実査を行っていくことに
なる。製薬企業では医師に対する調査で同様な手法を今までも数多く実施して
いるので，その患者版と考えてもらえばほぼ同じ流れの調査である。グループ
インタビューでは，3名から5名程度の同じセグメントの患者にインタビュー
会場に集まってもらい，調査会社のモデレーターの司会のもとに座談会形式
で1時間から2時間くらいインタビューを実施する。消費財のグループインタ
ビューではもっと人数の多い場合もあるが，患者が対象の場合あまり大人数は
向かない。同じ疾患を患い，背景なども似ている参加者がお互いの発言から
触発され，なかなか言い出せなかったこと，自分だけだと思っていたことをグ
ループインタビューでは顕在化させていく。ワンオンワンインタビューでは，
患者は一人でモデレーターと一対一でのインタビューになる。消費財の場合で
も対象者の心理の深掘りに用いられ「デプスインタビュー」などとも言われ
る。自分一人とモデレーターしかいない状況なので，モデレーターの巧みなモ
デレーションで，深層心理を探ることができる。どちらの方法がよいというこ
とではなく，それぞれ対象疾患の特性や患者の特性，そのインタビューで明ら
かにしたい調査課題によって使い分けることになる。

　グループインタビューでもワンオンワンインタビューでも，調査会社のモデ
レーターの力量は重要で調査結果を左右すると言っても良い。患者調査に十分
な実績を持った者を選定すべきである。また，インタビューの前にディスカッ

142

ションガイド（DG）をあらかじめ提出してもらい，調査目的に合致している内容であるかを精査しておくことも重要である。調査を依頼した製薬企業側も調査会社任せにせずすべての実査に立ち会い，その場で必要であれば修正インタビューや追加インタビューなどの要望をすべきである。実査後に提出された調査報告書を読むだけと，実際にインタビュー会場に立ち会い，その場で生の患者の声を聞くのとでは雲泥の差があることを理解しておくべきである。

（オンラインコミュニティを利用した患者インサイト調査）

　Facebook や Twitter，LINE などのソーシャルネットワークシステム（SNS）の利用者は急速に増えており，わが国の 2015 年末の利用率は 48.9％[6]と国民の約半分が利用していることになる。これらの SNS 上ではさまざまな消費行動や経験，評判，評価が自然な言葉で書き込まれていてそのなかには当然病気のことや治療のことも含まれている。このようなソーシャルメディアでの活発な発言を調査にも応用しようとして新たに登場してきたのが MROC（エムロック：Marketing Reserach Online Community）という調査方法である。

　Facebook などのソーシャルメディアでは，利用者でもある患者の発言をコントロールすることはできない。そこで MROC では特定のクローズドなオンラインコミュニティを開設して，そこに調査の対象となる患者のうち，疾患に関する特定のテーマに興味関心の高い人を招待して参加してもらい，アンケートやインタビューといった直接的な質問や参加者間での会話などを通じて長期的な傾聴・観察をとおして，インサイトを探り出していくリサーチ手法である[7]。この MROC は製薬業界に限らず世界中でさまざまな業界で利用されており，消費者向けのリサーチだけでなく B to B の販売員向けなどプロフェッショナル対象の調査などでも幅広く活用されている[8]。

　MROC は定性調査と定量調査を合わせたような調査手法であるが，これを実施するから従来の定性調査や定量調査が不要になるということではない。まだ製薬業界の患者調査では利用が始まったばかりで，そのときの調査課題にあ

第Ⅱ部　DTCマーケティングの基本

わせて従来の調査手法と並行して実施されることが多い。調査を委託した製薬企業の担当者もこのコミュニティのすべての様子を自身のパソコン上で見ることができるので，グループインタビューやワンオンワンインタビューの時のようにわざわざインタビュー会場に出向く必要がないのは便利である。

（ワークショップ　第1回）

　定性調査が終了し，報告書がまとまった段階で第1回目のワークショップを開催することになる。大抵の場合，このワークショップは調査会社が主体となって実施することが多い。定性調査やMROCを通じてわかったことを整理し，有力セグメントに関してはペルソナ[9]を作成する。調査結果の分析に対する合意形成やこのあと実施する定量調査に向けての討議も行う。とくに重要なのは，DTCマーケティングを実施する際の中心ターゲットとなる有力患者セグメントの仮定とそれぞれのセグメントに属するペルソナの作成である。そしてペルソナごとに作成したペイシェントジャーニーマップを参考にして，どのセグメントの患者を優先して情報を提供すべきか，どのセグメントの患者が情報受容性が高いか，どのセグメントの患者が受診行動へ移行しやすいかなどを検討していく。本来であればすべての患者に等しく情報を提供していくことが良いのであるが，それだと総花的なコミュニケーションプランになり，結局伝えたい患者に十分に正しい情報が伝わらないことが起きてしまう。ペルソナを参考にイメージし，セグメントに優先順位をつけたうえで，次の定量調査に移行する。

　ワークショップ開催の結果，合意された内容はきちんと文書に残しておくべきである。よくあるケースにDTCコミュニケーションのプランニングがかなり進んだ段階で，定性調査の結果解釈に異なった意見を言う者が出てきて，それまで積み上げてきた作業を振り出しに戻したり，進行が一時ストップしたりすることがある。ワークショップは参加した関係者全員の合意形成の場としたい。そのためには十分な時間を確保して関係者が全員集まって討議を行いたいものである。

144

第4章 患者調査の手法とペイシェントジャーニーマップ

（定量調査）

　定性調査ならびにワークショップ第1回の後に定量調査に進むことになる。定量調査では患者セグメントごとのサンプル数を増やして統計的に結果を見られるように設計を行う。最近はインターネット調査の普及と各社が提供する患者パネルの充実により，よほどの希少疾患でない限り，この定量調査のためのサンプル集めに苦労することはないだろう。定量調査の大きな目的は二つある。一つ目は，定性調査で仮定した中心ターゲットの検証である。DTCのコミュニケーションを実施していくうえでそのセグメントに十分なボリュームがあるかどうかは重要である。二つ目は，その疾患の患者の情報入手に関する接触ポイントの検証である。患者調査の結果を経ないで情報を提供するメディアやツールを議論するのはナンセンスである。この定量調査の設問のなかにきちんと接触ポイントや想定できる限りのメディアやツールを盛り込んでおくことが肝要と言える。

　最近は定量調査のほとんどはインターネット調査となっており，サンプルの有効回答率も上がってきているので，定量調査では調べたい項目を整理してなるべく網羅して設計するとよい。前述したMROCは定量調査的に用いることもできる手法である。定量調査を設計するための事前調査として行うことも可能なので，コミュニティを開設する際にその運用期間などを調査会社のリサーチャーと相談して決めておくとよい。

（ワークショップ　第2回）

　定量調査が終了し，報告書がまとまった段階で第2回目のワークショップを開催する。この第2回目のワークショップは第1回目と規模も性格も違ってくる。開催の主体は，外部のワークショップ開催専門会社に委託することが多い。コンサルティングファームや人事研修系の企業，大手広告代理店などもワークショップの開催委託先としてメニューを提供している。どこに委託するかは各製薬企業によって事情が違うので一概に言えないが，一つ言えることはノウハウがある外部の専門会社に委託した方が開催がスムーズで結果も内容の

第Ⅱ部　DTCマーケティングの基本

濃いものになる傾向があることだ。委託先が絞りきれない場合は，複数社から開催に関する提案書を出してもらい自社に一番ふさわしいところを検討をして決定するとよい。

第1回目と大きく違う点として，製薬企業側の参加者はDTCマーケティングを実施するうえで関連する部門すべてに連絡をして参画してもらうことである。マーケティング部門はもちろんのこと，本社の営業部門，広報部門，コンプライアンス部門，MA部門，購買部門など実際にDTCを推進する際に少しでも関連する社内の部門を事前に調べておいてそれらの部門に正式に参加を要請する。部門によってはDTCマーケティングをよく理解していないところがあったりするが，それも含めてワークショップのプログラムに盛り込んでおくとよい。筆者の知る限り短くても丸一日，通常は二日間に渡ってこのワークショップは開催されることが多い。また，会場も社内の会議室ではなく社外の会議室を借り切ってオフサイトで行うことも珍しくない。

製薬企業以外の参加者としては，すでにDTCを委託する広告代理店や広報会社，Webサイトの構築会社などが決まっている場合はそれらの企業にも参加してもらう。患者視点を入れるためにわざと医薬に関して特別な知識がないワークショップ開催専門会社の一般社員が参加したりすることもある。

この第2回目のワークショップの結果が，DTCコミュニケーション戦略を決める重要な基本データとなるので，ここでの討議は非常に重要である。一連の患者調査からわかったこと，ワークショップ第1回の結果の共有，社内各部門のDTCに対する意見や自社のスタンスなどもこの場で集約をしておくことが，後の実施フェーズでの進行をスムーズにする。また余談だが，大抵の場合第2回目のワークショップ終了後には参加者全員による懇親会が用意されることが多く，あたかもDTCスタートのキックオフミーティングのような熱気を帯びることもよくある。

このワークショップ開催の段階でまだDTCを委託する外部協力会社である広告代理店や広報会社，Webサイトの構築会社などが決まっていない場合は，終了後，具体的なDTCコミュニケーションプランの立案へ向けて，これらの

146

第4章　患者調査の手法とペイシェントジャーニーマップ

協力会社の選定へと移っていく。ワークショップの結果により，協力会社の業種も変わってくるだろう。1社に絞るか複数社に分けて依頼するかなどもよく検討すべきである。ワークショップの結果資料をブリーフィング資料に盛り込むのは言うまでもない。外部協力会社の選定に関しては，拙著『新版DTCマーケティング』[10] の第7章に詳述しているのでそちらを参照してほしい。

　ワークショップ開催の結果，決まった内容はきちんと文書に残しておくべきことは第1回と全く同じである。

3．ペイシェントジャーニーマップについて

　ペイシェントジャーニーマップについて少し説明をしておこう。すでに製品マーケティング戦略の立案の過程で患者調査を実施し，そこからペイシェントジャーニーマップを作成して所有している企業も多いかと思うが，前述のとおりDTCのコミュニケーションを考えるうえでのペイシェントジャーニーマップは別物でありそれは一つではない。

　図表4-3[11] に子宮筋腫に関するペイシェントジャーニーマップのサンプルを示す。実際にはペイシェントジャーニーマップは調査会社によって表現はさまざまであるが，基本事項として病気の経過にそったもので，「自分が受け取った情報」，「自分が考えたこと」，「感情や感心の変化」，「そのときに受けた医療」，「自分で行った医療以外の行為」，「治療に対する考え」などを整理してある。疾患によってはかなり長い期間のペイシェントジャーニーマップが出てくる。感情や感心の変化は線を用いて表現することが多い。また，それぞれのペルソナのペイシェントジャーニーマップに対比してファインディングスや課題（とくにコミュニケーションの課題）をまとめるとDTCコミュニケーションの課題も見えてくる。

　ペイシェントジャーニーマップについて，これが一番正しいというものはない。作成にあたっては調査を依頼した調査会社とよく相談をして自社がDTCを考えている疾患に一番ぴったりあったフレームワークを作ることが大事であ

147

第Ⅱ部　DTCマーケティングの基本

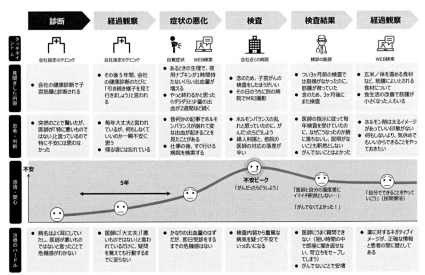

図表4-3　ペイシェントジャーニーマップの一例

（出典）鈴木（2017）より加工

る。また，同じフレームワークをずっと使い続けなければならないということもない。ペイシェントジャーニーマップは作成するのがゴールではない。そこからDTCで患者とコミュニケーションするためのヒントを見いだして行くことを常に考えておくべきである。そして，DTCコミュニケーションのプランニングにおいては必要十分な数のペイシェントジャーニーマップに絞り込むことも大事である。

4．DTCのメッセージで用いるエビデンスデータ（数値）について

　DTCでは患者向けのキー・メッセージのなかに「日本人の○○人に一人が□□疾患の可能性があります」というような数値を用いての訴求をよく見かける。この数値の使い方には注意が必要である。患者に対してインターネット調査が簡単にできるようになった現在，DTCに用いるメッセージに使用する数

148

値を安直に自社が実施した調査結果から導き，いとも簡単にそれを客観的データであるかのように利用するケースが見受けられる。

2014年には読売新聞がこのようにインターネット調査のデータを利用した製薬企業のDTCのメッセージの中立性について疑問を投げかけている。報道によると製薬企業2社が「うつの痛み」の根拠としていた論文は，この2社がPR会社に委託して作ったPR組織が行ったインターネット調査のデータを医師に提供し，医師が学術誌に投稿し，それが論文化された後にDTCのキャンペーンに用いていたということである[12]。報道では啓発活動や論文の中立性に疑問を投げかけている[13]。この例では，国際的な診断基準ではうつ病の主症状とはされない頭痛や肩の痛みを主症状であるかのように訴求し，受診を呼びかけたことや，もともと自社の調査データであったことを隠して利用していたことも批判されたが，広報活動の一環として行われたインターネット調査の結果数値をまわりまわって疾患啓発活動の広告のキー・メッセージに利用したことがそもそもの間違いであろう。第5章で述べているが，広報活動で行うパブリシティの情報提供では，自社がその提供を行いそれを受け取ったメディアが客観的に評価・判断して記事にするかどうかを判断する。その情報提供のために患者調査をすること自体は特別のことではない。ただ，その結果を自社の調査データであることを隠して客観的なデータのごとくDTC広告の患者向けのキー・メッセージに使うことはいかがなものであろうか。報道にあるように自作自演という批判を浴びても仕方がないだろう。

では，どのような数字なら使ってよいのであろうか。多くの製薬企業では公的な調査結果のエビデンスデータから引用した数字をDTCの患者向けのメッセージに利用している。本章の患者セグメントの部分でも述べたが，セカンダリーデータとして厚生労働省では患者調査を実施して白書を公表しているし，その疾患に関連する学会や研究会でも疾患や患者に関する疫学調査などを実施し結果を公表している。これらの公的なデータから数字を持ってきて使用することは間違いないだろう。どうしてもぴったりとしたデータがない場合は，学会や研究会に働きかけてスタディを組んでもらったうえで，学会独自の客観的

第II部　DTC マーケティングの基本

な調査を実施してもらいそれを利用させてもらう方法がよいのではないか。当然だがその調査は全面的に学会や研究会に任せることになる。できればその調査結果が論文として投稿され，医学雑誌などで採択され出版されたあとにその論文から引用する方がいいだろう。このようなやり方は時間のかかる方法である。そのため，DTC のキー・メッセージに利用する的確なエビデンスデータがない場合は，十分なリードタイムをとって活動を開始する必要がある。

　なぜ本章の最後でこのようなことを述べるかというと，インターネット調査によって患者調査が簡単にできるようになってきた現在，そこで得られたデータを安直にすぐに使いたくなるものだが，そのデータに対して患者や取り巻く社会が果たして客観的で正しいと思って“信頼してくれるかどうか”ということを意識してもらいたいからである。製薬企業側の視点でよいデータだと思っていても，コンシューマーマーケティングである DTC では，社会から信頼されなけば厳しい視線や批判を浴びることになることをしっかりと認識しておくべきである。

注
1）田中洋（2015），p. 193。
2）鈴木夕子（2017）。
3）すでに世の中に公開されている政府の白書や各種組織・団体から出ている統計データ，データベース会社などが提供する市場調査データなどのこと。独自に調査をして得るデータに比べて入手コストが安価である。
4）企業などが独自に調査したデータのこと。セカンダリーデータと比べて，独自に設計して調査を行いデータを得るのでコストは高価である。
5）本書 202 頁からの提供資料に詳しい情報がある。
6）総務書（2017），p. 214。
7）杉本（2017）。
8）同上。
9）ペルソナ（persona）は，もともと心理学で用いられていた用語で大元の意味は古典劇で役者が用いた仮面のことである。心理学者ユングは，自身の心理学理論のなかで人間の外的側面をペルソナと呼んだ。これから転じて，マーケティングの世界では自社の製品やサービスを購入してくれるだろう架空の人物を象徴的にモデル化し，その架空の人物のことを指して使われている。
10）古川（2009）。

第4章　患者調査の手法とペイシェントジャーニーマップ

11) 鈴木（2017）より加工。これは楽天リサーチが提供するペイシェントジャーニーマップ
　　で，一般的な WEB マーケティングにおけるインタビューを介さない WEB サイト構築用
　　のジャーニーマップとは目的や手法が異なるのでご留意されたい。
12) 『読売新聞』2014 年 2 月 19 日朝刊。
13) 同上。

第5章

広告と広報の違いについて

1．広告と広報
2．二つの広報
3．2015年1月6日発出日本製薬工業協会の通知について

第Ⅱ部 DTCマーケティングの基本

　2015年1月6日に日本製薬工業協会のコード委員会と医療医薬品製品概要審査会の両委員長名で「テレビや新聞等のメディアを利用した情報発信活動いわゆる疾患啓発広告とタイアップ記事（広告）について」という通知が発出された[1]。これが製薬企業各社が取り組んでいたDTC活動の行き過ぎに対する警鐘であることは明らかである。それまで製薬協からDTCに関する通知は一切なかったため，この通知が業界に激震を走らせたのは言うまでもない。この通知の中身は大きく二つに分かれ，一つはタイアップ記事（広告）について，もう一つは疾患啓発広告の内容についてである。疾患啓発広告に関しては本書第1章で詳しく説明をしている。タイアップ記事（広告）についてはそもそも広告とタイアップの要件をしっかりとわかっている者が少ないため戸惑う企業も多かった。筆者もこの通知のタイアップ記事（広告）に関する記述について解題をしてほしいとの依頼を受け，数社で関係社員向けに「広告と広報の違い」から説き起こす講演をしたくらいである。本章では，わかっているようでしっかり理解できていない「広告と広報の違い」について説明をするとともに医療医薬品のDTCにおいてタイアップ記事（広告）がなぜ通知を発出してまで注意喚起をしないといけないかも解説したいと思う。

1．広告と広報

　広告については，ほとんどの人は毎日消費財のあふれるほどの広告に接しており，医療関係者向け専門誌などでも製品広告を出稿しているためその理解は進んでいるはずだ。広告の定義にある三つの要件として「有料」，「非人的コミュニケーション」，「識別可能な広告主」が挙げられる[2]。新聞広告を例にとって見てみよう。新聞に広告を出稿するためには，広告を出す紙面スペースによって新聞社が規定した広告料金を支払わないといけない（有料である）。また，新聞に掲載された広告は読者が新聞を読むことにより認知される。営業マンが話すわけではない（非人的）。そして，広告のなかには必ずどこかに広告主の名前が明示されている（識別可能な広告主）。つまりお金を払って，ス

154

第5章 広告と広報の違いについて

ペースや時間を買い，そこに自らの意志のあるメッセージを載せて伝えればそれはどのような名称をしていても広告の要件にあてはまるということである。

一方，広報についてはどうだろう。製薬業界に限らずベテランのビジネスマンであっても広報部門に所属する者以外の広報に関する理解はあまり深くない。筆者もかなりの頻度で広告と広報を同義と捉えている人に出会い困惑することがある。広報の定義は，「組織体とその存在を左右するパブリックとの間に，相互に利益をもたらす関係性を構築し，維持をするマネジメント機能である」[3]となっており，組織体（企業など）とパブリック（ステークホルダー）との信頼関係を良くしていき持続していくことである。これで見る限り，広告とは異質で混乱することはなさそうだが，実際には混乱が起きている。その原因の大きなところは，広報の一つの手法であり，また広報活動でかなりの比重がおかれるパブリシティの存在だろう。これについて説明をしよう。

パブリシティの定義は，「企業や団体が，新聞，雑誌，テレビ，ラジオなどの各種のメディア（客観的な報道機関）に対して，公共との関わりのある情報を提供し，そのメディアに主体的に報道してもらうことである」[4]。となっており，これを見るとメディアが出てきたり，情報の提供があったりとしっかり理解をしておかないと広告と混同しそうである。図表5-1に広告と広報（パブリシティ）の違いを項目ごとに比較したものを掲げる。ここで見てほしいのは，広告ではスペース取り（位置やサイズ）は広告主の自由であるが，広報（パブリシティ）では掲載するかしないかはメディアの判断により，いくら情報を提供してもメディアが価値があると判断しない限り全く掲載されないし，載っても小さい扱いのこともある。また，訴求内容やデザインも広告では広告主の自由であるが，広報（パブリシティ）ではメディアの編集に一任され，情報を提供した企業は一切口出しなどできない。ではなぜ企業は広報（パブリシティ）活動を行うかというと，読者や視聴者から見て広告とパブリシティによる記事や報道の信頼度が大きく違うからである。広告は商品・サービスの販売が目的であり，その広告主のメッセージは読者や視聴者がどうしても割り引いて見るのが普通だ。一方，記事や報道はメディアが自社の判断により客観的に

第Ⅱ部　DTCマーケティングの基本

図表 5-1　広告と広報（パブリシティ）の違い

広告	比較事項	広報（パブリシティ）
商品・サービスの販売	目的	理解と信頼の獲得
マーケティング	機能	マネジメント（経営管理）
広告局	交渉窓口	記者，編集者，プロデューサー
媒体選択は完全に自由	メディアミックス	ニュース価値の判断は個別のメディアによる
広告主の自由 （スペース売買のため）	スペース取り （位置，サイズの決定権）	情報提供のみで，掲載は媒体側の判断
広告主が決定 （計画的，繰り返し実施可能）	露出タイミング	報道（媒体）側が決めるため不確定（掲載は1回のみ）
公序良俗，関係法規，媒体考査基準に反しない限り100％自由	訴求内容	媒体側の編集に一任（コントロールは不可）
購入したスペースの範囲内で自由	デザイン	媒体側の編集に一任（コントロールは不可）
大がかりな仕掛けが一気に可能	キャンペーン	スロービルディング
有料	媒体コスト	無料（PR会社への報酬はかかる）
広告主からのメッセージなので割り引いて見られる	信頼度	報道（媒体）による客観情報のため高い

（出典）大森康晴（2006）より筆者改変

取材などを行い情報を掲載しているため，これに掲載されたり，報道されれば読者や視聴者はその情報を信頼し，注目することになる。

2．二つの広報

　広告と広報の違いを明確に理解していないことに加えて，広報活動にも2種類あることがややこしさを増している。広報をかなり理解している人であってもイメージする広報活動は，企業広報（コーポレート・コミュニケーション）である。企業ではその規模の大小を問わずだいたいは広報部（コーポレート・

156

コミュニケーション部）という部門があり，あるいは広報担当者が総務部など
に存在しており，その活動は企業広報である。

　一方，もう一つの広報に製品広報（商品広報）がある。二つの広報を整理し
たものを図表5-2に示す。企業広報は，企業としての姿勢や戦略を幅広いス
テークホルダーに訴求することによって企業価値を高め，ステークホルダーと
良好な関係を構築し，望ましいレピュテーション（企業の評判）を獲得するこ
とを目的としている。企業広報は理解しやすいと思うので製品広報について詳
しく説明する。欧米ではマーケティング PR と呼ばれ，その企業の製品やサー
ビスの顧客との関係性をよくしていくことを目的にしている。古川ら（2010）
は，これを「マーケティング PR（MPR）とは，マーケティング目的を達成す
るためのパブリック・リレーションズ戦略および手法の活用である。その目的
は，社会的需要基盤の開発，製品ブランドの認知・理解の獲得，需要への刺
激，そして消費者と製品・サービスブランドの間に長期にわたる関係性を構築
することである」[5]と定義している。

　このマーケティング PR が，医療用医薬品では DTC–PR となることは自明
のことだが，筆者が『DTC マーケティング』[6]でマーケティング・コミュニ
ケーションのツールとして「PR」をあげたところ[7]二つの広報を理解してい
ない読者の混同を招いたようだ。DTC–PR もそうだが，マーケティング領域
で PR といった場合はマーケティング PR（製品広報，商品広報）のことを指
す。マーケティング PR では前述の定義のようにマーケティング活動と密接に

図表 5-2　企業広報と製品広報・商品広報

●企業広報（コーポレート・コミュニケーション：CC）

　企業内の部署：広報部，コーポレート・コミュニケーション本部など
　対　　　　象：企業を取り巻くすべてのステークホルダー

●製品広報・商品広報（マーケティング PR：MPR）

　企業内の部署：製品広報部，商品広報部，マーケティング本部
　対　　　　象：その企業の製品・サービスの顧客（潜在顧客）

第Ⅱ部　DTC マーケティングの基本

連携し，自社の製品やサービスの認知度の向上を図り，販売促進に寄与する役割を持っている。また，主な手法としてパブリシティを多く用いることからPR といわずに単にパブリシティと言う者もいるが，パブリシティ以外の活動もあるので正しくはマーケティング PR と言うべきである。製薬業界ではマーケティング PR 実施のために製品広報部というような名称で専門の部署が設置されていたり，専門の社員が配置されていたりする。一般消費財の企業でも商品広報部という部署が存在し，マーケティング PR を担当している。

3．2015 年 1 月 6 日発出日本製薬工業協会の通知について

　本章の冒頭でも少し触れたが，2015 年 1 月 6 日に（製薬協発第 6 号）通知「テレビや新聞等のメディアを利用した情報発信活動いわゆる疾患啓発広告とタイアップ記事（広告）について」[8] が発出された。DTC マーケティングの普及によって行き過ぎた DTC 広告に対して医療関係者だけでなく一般からの指摘も出てきたことからの通知の発出らしい。内容は大きく DTC 広告とタイアップに分かれているが，広告に関することは，第 1 章で詳しく述べているのでそちらを参照してほしい。ここでは，この通知で述べられている「タイアップ記事（広告）」について説明したい。タイアップとは一体どういうものであろうか。すぐに回答できる者は少ないだろう。図表 5-3 に広告活動と広報活動の位置づけを図式化したものを示す。広告が 100％有料な活動なのに対して，広報活動は 100％無償である。広報代理店（PR 会社）などに活動を委託した場合はその活動に対しての対価を支払うが，それは記事を掲載するメディアに対しての支払いではない。

　純粋な広告（純広告と呼ばれ，商品広告など）と純粋な広報（純パブリシティ）は対極に位置づけられる。その間には記事体広告，ペイドパブリシティ，タイアップ，ノンクレジットなどと呼ばれるものが存在する。先にこれらの用語解説をしておこう。

158

第5章　広告と広報の違いについて

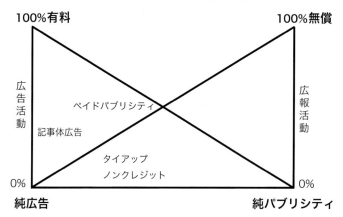

図表 5-3　広告活動と広報活動の位置づけ

（記事体広告）

"記事"のような"体裁"をした"広告"から来た言葉。記事ではなく広告である。原稿には必ず広告主名と広告であること（「広告」や「企画」というクレジット）を記載する必要がある。記事体広告は広告主が広告代理店などに広告の原稿制作を依頼し，完成した広告原稿をメディアに入稿する。そして，記事体広告の取り扱いはメディアの広告部門が窓口となる。よく"記事広告"と言う者がいるがそれは誤用である。英語では，advertising（広告）と editorial（編集）を合わせた造語 ADVERTORIAL と言われるようだ。

（ペイドパブリシティ）

メディアにお金を払って，通常の新聞記事やテレビ番組のような形で読者や視聴者へお金を払った者の意向に沿った情報を発信する手法である。「広告のように見えない広告」であるが，メディアが客観的に取材した結果の記事や番組ではない。記事体広告に似ているが，お金を払う先がペイドパブリシティでは，取材や編集をする編集部門が窓口であることが多い。テレビでは番組を制作するプロダクションであったりもする。パブリシティという言葉がつくため，広報活動の一つと勘違いされやすいが広報活動ではない。

159

第II部　DTCマーケティングの基本

（タイアップ，編集タイアップ，タイアップ広告）

　雑誌などに「広告」や「企画」などのクレジットをせず，広告主も明示せず，メディアにお金を払って編集ページと区別のつかないページを作り，読者にお金を払った特定の企業の意向が反映された内容であるということがわからないようにした広告をすることを言う。タイアップの場合，その制作はメディアが行うことが多い。タイアップは広告主の意向が反映されているので，広告と同様に広告主のクレジットが入るべきである。前述のペイドパブリシティと同様に広報活動の一つと勘違いされやすいが広報活動ではない。

（ノンクレジット）

　前述の記事体広告は，広告であるので必ず広告主や広告であることを明示する必要がある。広告であるのにこの明示をしないことをノンクレジットと言う。第1節の冒頭で説明したが，お金を払って，スペースや時間を買い，そこにお金を払った者自らの意志のあるメッセージを載せて伝えればそれはどのような名称をしていても広告の要件にあてはまり広告とみなされる。ノンクレジットにしたら広告でなくなるなどと誤解することのないようにしたい。そのような魔法はあり得ない。

　製薬協から発出された「タイアップ記事（広告)」に関する通知に話を戻そう。そもそもこの通知が発出される端緒となったのは，2013年12月11日の新聞報道に見ることができる。がん患者向けの雑誌に掲載された記事が実は製薬企業のタイアップで"抗がん剤の広告"にあたる可能性があるとして厚生労働省が調査を開始したということが報じられたのだ[9]。記事によると，雑誌を発行する出版社が製薬企業に紹介記事（タイアップ記事）の企画を作り提案し，抗がん剤を販売する製薬企業が1頁あたり47万〜57万円程度のお金を出版社に払っていたらしい。この時に製薬企業各社がタイアップとは広告のことだとはっきり認識していれば，医療用医薬品しかも抗がん剤の製品名が出る記事をお金を払って書いてもらうことが薬事法（当時）に違反する[10]ことくら

160

第5章　広告と広報の違いについて

いはすぐに気がついたはずだと想像する。自社の抗がん剤のことが純粋な編集記事としてメディアの独自の取材のもとに雑誌に掲載され，それが正しい内容であれば製薬企業には何ら関係のないところである。同じ報道によると「厚生労働省は製薬業界に自主ルールの策定と再発防止を求める方針だ」[11] としており，この後の通知発出につながったと推測される。

　通知では，一般的な用語の定義として「タイアップ記事（広告）：企業が新聞・雑誌・テレビなどのメディアに直接的・間接的を問わず費用提供することで書かれる記事や放映される番組などのこと」[12] と説明して警鐘を鳴らしている。

　筆者の知る限り，このような一般紙誌から製薬企業へのタイアップ（提案する際の呼び名はさまざま）の企画提案は広報部門ではなくマーケティング部門や営業部門であることが多い。広報部門は広報の専門家ばかりであるから，すぐにお金を払い医療用医薬品の製品名を記載して一般紙誌でタイアップをすることがあってはならないことは理解できるはずである。一方，マーケティング部門では，数十万円のお金を払うだけで自社の製品に関する記事が一般紙誌に製品名を明示して書いてもらえるのであれば，こんな良いことはないと思ってしまうのだろう。売り込むメディアが言葉巧みに「タイアップは広告ではありません。これはうちの記事として掲載しますから大丈夫です。読者への情報提供です」などと説明したとするとそう思ってしまうかも知れない。なかには広告にあたると認識していながら掲載料を支払った企業がいた可能性もある。最近では，もっと巧妙に広告代理店が通信社[13] にお金を払って特定の医療用医薬品の記事を書いてもらいそれを配信するという事件なども報じられている。通信社の場合，単独のメディアと違い加入している多くのメディアがその配信を利用することになるので事態は大きくなる。2017 年 2 月 1 日，抗凝固薬の記事をめぐり大手広告代理店がそのグループ会社を使って大手通信社の子会社にお金を払って記事を作り，配信していたことが報じられた[14]。この報道によると配信され地方紙に掲載された医療用医薬品の記事には「広告」や「PR」などの明記はどこにもなくごく普通の記事の体裁だったようだ。また，大手広

161

第Ⅱ部　DTC マーケティングの基本

告会社のグループ会社の担当者は払ったお金は「記事配信の成功報酬だった」と認めたとも報じている。そして，医薬品の記事の見返りにお金が支払われるという関係は，この大手広告会社側と通信社側の間で少なくとも 2005 年から続いていたということである[15]。

　このようなことを製薬企業が 1 社でも犯してしまうと事件はその 1 社だけに対する批判には留まらず，社会の目は製薬業界全体がそういう体質であると見てしまい批判が高まっていく可能性が大きい。広報活動は地道な活動によって成果が現れてくるものである。安直にお金を払ってお手軽に記事を作るという考え方そのものを戒めるべきである。また，一般紙誌や広告代理店からタイアップやお金の支払いが伴う記事作成などの企画提案があった場合は，名称の如何を問わずそれが正しい方法なのか社内の広報部門やコンプライアンス部門などの専門家の意見を聞くなど慎重な対応をすべきである。

　広報と広告の違いは，薬機法[16] などの法令や業界内の自主規範が厳然と存在する製薬企業にとっては消費財企業とは比べものにならないくらい重要な違いであることを認識しておくべきである。

注
1 ）日本製薬工業協会・コード委員会・医療用医薬品製品情報概要審査会（2015）。
2 ）AMA（アメリカ・マーケティング協会）（1988）。
3 ）スコット＝アレン＝グレン（2008），p. 8。
4 ）猪狩編著（2007）。
5 ）古川編著（2010），P. 112。
6 ）古川（2005）。
7 ）同上，p18。
8 ）日本製薬工業協会・コード委員会・医療用医薬品製品情報概要審査会（2015）。
9 ）『読売新聞』2013 年 12 月 11 日朝刊，39 面。
10）当時の薬事法第 67 条には，「（特定疾病用の医薬品の広告の制限）　第 67 条　政令で定めるがんその他の特殊疾病に使用されることが目的とされている医薬品であって，医師又は歯科医師の指導のもとに使用されるのでなければ危害を生ずるおそれがとくに大きいものについては，政令で，医薬品を指定し，その医薬品に関する広告につき，医薬関係者以外の一般人を対象とする広告方法を制限する等，当該医薬品の適正な使用の確保のために必要な措置を定めることができる。（以下略）」と定められている。

162

11)『読売新聞』2013年12月11日朝刊，39面。

12) 日本製薬工業協会・コード委員会・医療用医薬品製品情報概要審査会 (2015)。

13) 自らはメディアを持たず，独自に取材したニュースの資料などを主として報道機関（新聞社や放送局）に提供する機関のこと。例えば地方紙などはあらゆるニュースを自社だけで取材してカバーすることが難しいので，このような通信社からの配信記事を自社の記事として掲載することになる。

14) ワセダクロニクル (2017)。

15) 同上。

16) 正式には「医薬品，医療機器等の品質，有効性及び安全性の確保等に関する法律」（旧薬事法）。

第6章

疾患啓発 Web サイトの構築とインターネットの活用法

1．疾患啓発 Web サイト
2．インターネットを活用したコミュニケーション手法の基本

第Ⅱ部　DTC マーケティングの基本

　医薬品マーケティングにおいて日本にもしっかりと普及した感がある DTC マーケティングだが，日本に紹介され導入され始めた 20 年前から大きく変わったことといえば，インターネットの活用によるコミュニケーション手法の飛躍的な進歩であろう。初期のころもすでにインターネットは存在し，一部の疾患啓発で Web サイトを構築することは行われていた。ただ，その当時はインターネットスキルのある比較的若い年齢層の患者が対象となる疾患に限られ，高齢者が対象の疾患では患者がインターネットを利用できないという理由から，マスメディアを中心に利用した手法に頼らざるを得ないと考えられていた。

　現在では，スマートフォンの普及が著しく「2011 年にスマートフォンの個人保有率は 14.6％であったが，2016 年には 56.8％と 5 年間で 4 倍に上昇している」[1]（図表 6-1）これによりパーソナルコンピューター（パソコン）を使えなくてもインターネットを利用した情報の恩恵に預かれるように変わってきた。「インターネットに接続する端末の利用率の推移をみると，パソコンが横ばい傾向，スマートファンが増加傾向にあり，2016 年には，パソコンが 59％，スマートフォンが 58％（インターネット利用者に限ったスマートフォ

図表 6-1　スマートフォン個人保有率の推移

（出典）総務省（2017），p. 3

第6章 疾患啓発 Web サイトの構築とインターネットの活用法

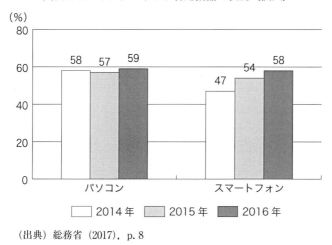

図表 6-2　インターネット利用機器の状況（個人）

（出典）総務省（2017），p. 8

ン利用割合を算出すると 71%）となっている」[2]）（図表 6-2）60 歳以上でもスマートフォンやタブレットによりインターネットを利用する比率が年々高まってきている[3]）。このような状況により，現在実施されている製薬企業各社の DTC では疾患啓発用 Web サイトを構築していないものはないと言ってもよいだろう。また，インターネットを利用したターゲティングツールも消費財分野ではさまざまに提供されており，これを援用して特定疾患の患者をターゲットとした効率的なコミュニケーションが可能になってきている。

　本章では，DTC では基本となった感がある疾患啓発 Web サイトの構築についてとインターネットを活用したコミュニケーション手法のうち Web 広告の基本的な用語などについて解説をしたいと思う。

1．疾患啓発 Web サイト

　疾患啓発 Web サイト（以下「サイト」と略す）を構築していく際の大まかな流れを図表 6-3 に示す。一般的なサイト構築方法に関してはさまざまなノウ

第Ⅱ部　DTCマーケティングの基本

図表6-3　疾患啓発Webサイト構築のフロー

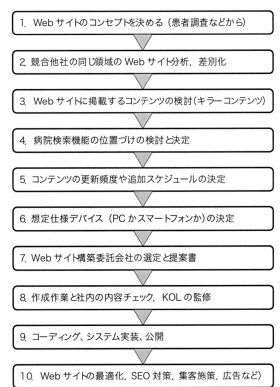

ハウ情報が提供されており，構築を受け持つサイト構築会社が詳しいので，本稿ではDTCにおけるサイトを構築する際に留意すべきことに限って説明をしていきたい。

(サイトのコンセプトを決める)
　第4章で患者調査について詳しく述べたが，この患者調査の結果を受けてサイトのコンセプトを考えていく。考え方のポイントは次のとおりである。
　・そのサイトで情報を伝えていきたい患者はどのような患者か

・サイトを訪れる患者はどんな情報をほしがっているのか

・同じ疾患領域の他社のサイトでは何が足りないか

・DTC の他のプログラムやメディアとサイトの連動はどうとるか

　患者調査がきちんとできていて，ワークショップ第2回で議論がつくされていれば，サイトのコンセプトはかなり明確になっているはずである。これに加えて，同じ疾患領域で他社がサイトをすでに構築していることも多いので，競合他社のサイト分析とそれを参考にした自社サイトの差別化も考えるとよい。その際には，サイトでコミュニケーションをする為のコンテクスト（文脈）が共有されていることも重要なポイントである。

（サイトに掲載するコンテンツの検討）

　競合他社のサイトがあってもなくてもサイトに掲載するコンテンツの検討はサイト構築の際に最も重要な項目である。製薬企業の提供以外でも病気に関するサイトはたくさん存在し，それらのコンテンツ内容が正しいかどうかは別として，情報をほしがる患者が数多く閲覧しているサイトがあるのも事実である。すべてのコンテンツの質を高くして差別化して提供するには準備が大変である。そのため，患者が最もみたいと思う魅力的なコンテンツ（キラーコンテンツ）の開発を最優先しそれを中心に他のコンテンツも充実していくとよいだろう。

（病院検索機能の位置づけ）

　製薬企業が提供する疾患啓発サイトの多くで見られるのは病院検索機能が用意されているということだろう。そのサイトを訪れて自分の病気について正しい知識を持った患者は，次に受診行動に移ることが多い。その際に自分が行くべき医療機関をそのまま同じサイト内で検索できるということは患者にとって便利なことである。今までこの病院検索に関しては，製薬企業が独自に構築するものとサードパーティが提供する病院検索サービスを利用するものに二分されていた。しかし，2016年7月15日に日本製薬工業協会から発出されたお

第Ⅱ部　DTC マーケティングの基本

知らせ[4] により，「会員各社の製品や疾患に関心がある一般人を対象とした
コンテンツ」に関して，「特定の医療用医薬品の推奨につながる表現はできな
い」[5] としていくつかの留意点をあげている。そのなかで「⑩ 疾病に関連す
る病院検索サイトについては，自社製品の納入先のみの掲載はしないこと。た
だし，診断・治療ができる医療機関が限られるなど自社製品の処方誘因となら
ない場合はこの限りではない」[6] として，病院検索に関して厳しく明文化を
している。このため，お知らせの発出後は自社内で MR を動員して施設ごと
の承諾をとりながら独自に自社で病院検索機能を構築することはかなり難しく
なったようである。

　サードパーティの提供する検索機能を利用したとしても自社製品の納入先の
データベースと紐付けをするなどすれば，この指針から外れることになるので
十分に注意が必要である。

（想定使用デバイスの決定）

　本章の冒頭で述べたように，スマートフォンの普及が著しく，パソコンを利
用しなくてもインターネットを利用できるようになった現在，疾患啓発サイト
にアクセスしてくる患者の使用デバイスもスマートフォンの比率が増えてい
る。とくに 40 代以下の世代は，すでにパソコンよりスマートフォンの利用率
が高くなっており[7]，想定するデバイスでスマートフォンは外せなくなって
きている。スマートフォンを優先するかパソコンを優先するかは，その疾患の
対象年代をよく考えて決定すべきである。画面のデザインなどスマートフォン
用とパソコン用ではかなり違ってくるので，レスポンシブ Web デザイン（ス
マホとパソコン両方に対応するデザイン）の検討など作成コストもよく検討す
べきである。

（サイト構築委託会社）

　疾患啓発用のサイトを構築する際は，専門の構築会社に委託することが多
い。今までは DTC というと大手総合広告会社にすべてのプログラムの推進を

第6章　疾患啓発 Web サイトの構築とインターネットの活用法

まとめて委託することが多かったが，最近はサイトの構築に関しては製薬企業の他のサイトの構築を経験している専門会社に委託する例が見受けられる。大手総合広告会社に委託してもグループ会社や下請けの専門会社に再委託するのであれば，最初から自社に実績のある会社に委託するのが効率的かもしれない。サイトの場合，他のメディアを利用した広告や印刷物と違い，常にコンテンツの更新をして行く必要があったり，サイトへの来訪者の分析をして，サイトがきちんと見られているかや SEO などのサイトにユーザーを誘導する為の施策運用をしなくてはいけない。構築して公開してしまえば終わりということではないので，継続的に付き合っていける会社がよいということになるのだろう。図表 6-3 には 1.～6. を社内で決めてから 7. でサイト構築会社を選定するという順序になっているが，実際は 1. のコンセプトの決定から委託を決めた構築会社と進めていくことも多いようだ。各社によって進め方は自由であってよいと思うが，一番気をつけておかなければいけないのは，あくまでも戦略や方向性，運用の仕方は製薬企業側でしっかりと決める必要があるということである。何も考えずに委託会社に丸投げをした場合，それなりのサイトしかできないことになる。

（作成作業と社内の内容チェック，KOL の監修）
　サイトの作成はサイト構築会社がスケジュールを決めて進めていくが，同時に製薬企業側ではその内容を逐一チェックをする必要がある。各社によって社内審査の方法やそれにかかる時間は違ってくる。消費財のサイト構築に慣れているサイト構築会社などは，なぜ製薬企業の疾患啓発のサイトになると社内でのチェックに時間がかかるのか理解できなかったりする。最初にその仕組みのことを説明をしておき，スケジュールにも反映してもらうのがよい。とくに前出の 2016 年 7 月 15 日のお知らせにより，「疾患解説に関するコンテンツ掲載にあたっては以下の点に留意し，営業部門から独立した社内審査体制の主管部署による社内審査を経ること」[8] と留意点を 11 個挙げて詳細に決めているのでしっかりとした審査が必要となる。

171

第Ⅱ部　DTC マーケティングの基本

　また，前述の留意点の⑨として「疾病を具体的に説明する場合は，医療関係者の監修を付けることが望ましい」[9] とも記載されている。このお知らせが発出される以前から製薬企業ではサイトの内容について KOL の監修を受けていたので，これは大きく変わることではないが，気をつけなければならないのは医師や医療関係者は疾患や治療法に関して権威者であっても，製薬業界の自主規範の内容まで熟知しているわけではないということである。これだけ細かく指針が出されている以上，それらを遵守するための内容チェックは製薬企業が責任を持って行うべきである。監修を得ているから自主規範から逸脱してもよいということにはならない。

2．インターネットを活用したコミュニケーション手法の基本

　前項で述べてきたサイトを構築して公開すればそれでインターネットを活用した DTC は終わりということではない。従来のマスメディア，とくにテレビを利用した DTC 広告と疾患啓発のサイトとの大きな違いは，見る者が自らそのサイトに訪問しなければならないことである。テレビであれば電源が ON になっていればしっかりとテレビを見ていなくても自然と流れてくるテレビ CM に接触することになる。サイトではこうはいかない。DTC でコミュニケーションをしたい対象となる患者にいかに自社のサイトに来てもらうか，そして見てほしいコンテンツをしっかりと見てもらうかということを考えなければならないことがマスメディアの広告と大きく違うところである。

　自社で構築し公開したサイトにターゲットである患者に訪問してもらうために用いられる Web 広告は，技術の進化に伴い現在ではさまざまな手法が提供されている。図表6-4[10] に Web 広告のトレンド変遷を掲げた。この図からも分かるように 1996 年ごろは従来のマスメディアと同じように「どのメディアやどの枠を買うか？」という発想であった。バナー広告がこれに該当する。それが 2002 年ごろには「どのキーワードを買うか？」というリスティング広告が登場し，2008 年ごろからは行動をターゲティングする興味関心連動型広

172

第6章　疾患啓発 Web サイトの構築とインターネットの活用法

図表 6-4　Web 広告のトレンド変遷

アドテクノロジーの進化により，広告出稿の自動化・ユーザー行動の可視化が可能に。
自社保有データや第三者データを活用した配信で広告効果の最適化。
PCからスマートフォンへの移行。

どのメディアや枠を買うか？	● 1996年ごろ〜	純広告（バナー，メール）
	● 1999年ごろ〜	アフィリエイト広告
どのキーワードを買うか？	● 2002年ごろ〜	リスティング広告
	● 2003年ごろ〜	コンテンツ連動型広告（コンテンツマッチ）
行動ターゲティング	● 2008年ごろ〜	興味関心連動型広告（インタレストマッチ）
		リターゲティング広告
		アドネットワーク広告
	● 2010年ごろ〜	アドエクスチェンジ（アドネットワークの一元管理）
	● 2011年ごろ〜	DSP (Demand Side Platform) / SSP (Supply Side Platform)
枠から人へオーディエンスターゲティング	● 2012年ごろ〜	DMP (Data Management Platform) 動画広告，インタラクティブ（体験型）広告
	● 2014年ごろ〜	ネイティブアド（コンテンツと同化した広告）
	● 2015年ごろ〜	PMP (Private Market Place) ※参加者限定型アドマーケットプレイ…
	● 2016年ごろ〜	スマートフォンシフトの加速

（出典）株式会社インテージ コンシューマーセントリックコミュニケーション部 (2017)

告（インタレストマッチ）が登場することになる。よくインターネットでいろいろなサイトを見ているとどこに行っても常に同じ広告が追いかけてくるあの広告手法のことである。見る者個人個人の興味や関心が分析され関連する商材の広告が連動して表示されるのである。2011 年ごろからは大きな変化があり，従来の広告枠を購入する方法から人を中心に据えるオーディエンスターゲティングが登場してきた。DSP（Demand Side Platform），SSP（Supply Side Platform），DMP（Data Management Platform）などと呼ばれるツールやプラットフォームが代表的な例である。

　インターネットを利用したコミュニケーションのうち，自社が開設し公開したサイトにユーザーに訪問してもらうことは大前提となる。その方法としてさまざまな Web 広告を用いるのだが，Web 広告のプランニングに際しては，打ち合わせなどでインターネットや Web 広告の新しい用語が頻繁に出てくるた

173

第Ⅱ部　DTCマーケティングの基本

め，製薬企業のなかでも Web マーケティングなどの専門部署の人でないと戸
惑うことが多い。基本的な言葉の意味をここで解説する。

（バナー広告）

　サイトのバナー上にある広告である。バナーとは「広告の入った横断幕」の
意味である。バナー広告にはリンクが埋め込まれていてこれをクリックするこ
とで広告主のサイトの指定したページに誘導される仕組みになっている。サイ
ズはいくつかの規格があるので，出稿する広告枠のサイズに従って広告を作り
分ける必要がある。横断幕が原義だが，必ずしも横長とは限らず，正方形や縦
方向のものもある。また，同じサイズでも何種類かの広告原稿を同時に制作し
てどの広告クリエイティブが一番反応がよいかなども検証することが多い。

（アフィリエイト広告）

　商品購入や資料請求など，成果に応じて費用が発生する成果報酬型の広告で
ある。バナー広告はサイト上の広告枠に掲載することで広告費が発生するが，
アフィリエイト広告は掲載されただけでは広告費は発生しない。また，クリッ
クされただけでも課金されず，クリックしたユーザーがコンバージョン[11]（例
えば，そのサイトにある病院検索のコンテンツで「検索」をするアクション）
をした場合に広告費が発生する。

　メリットとしては，無駄な広告費をかけずにリスクのないコミュニケーショ
ンを行うことができる。インセンティブをつけた場合など短期間で成果を上げ
ることが可能である。一方，デメリットとしては，インセンティブフックの場
合，購入後の継続や定期購入などのリテンションにはつながりにくい可能性が
ある。

（リスティング広告）

　検索エンジン（Yahoo! や Google など）で検索した際に検索キーワードに応
じて検索結果が連動して画面に表示されるクリック課金型の広告である。画面

174

第6章　疾患啓発 Web サイトの構築とインターネットの活用法

の自然検索結果の上部に「広告」として表示される。

　メリットとしては，すでに検索したキーワードに関して情報をほしがっている顕在層に向けた広告だから，他の広告よりサイトを訪れた後のコンバージョンが高くなる。一方，デメリットとしてはキーワードは入札によってその価格が決まることである。誰もがほしがるキーワードだと単価が高くなることもあり，キーワードの選定や買い方にはノウハウが必要である。

（DSP）

　Demand Side Platform の略で，広告出稿を支援する技術ツールの名称である。広告枠の購入者（＝広告主）が広告効果の最大化を図る際にそれを支援する。広告主側が行う予算管理，入稿管理，掲載面の管理，ターゲットの属性などに基づいた最適な広告枠の選定など配信条件の最適化を行うための機能を備えている。

（SSP）

　Supply Side Platform の略で，前述の DSP が広告主側の支援であるのとは逆に広告枠の提供者（＝媒体社）の広告収益の最大化を支援する技術ツールである。主に，広告のインプレッションが発生するごとに最適な広告を自動的に選択し，媒体社の広告収益性の向上を図るといった仕組みが提供されている。

（DMP）

　Data Management Platform の略で，インターネット上での利用者属性や行動データを一元管理するプラットフォームの名称である。蓄積されたインターネット上での利用者データをもとに広告配信を効率的にすることができる。利用者の性別，年齢，関心・興味，サイトの閲覧情報などを第三者である企業（メディア）が提供する「パブリック（オープン）DMP」と，企業が自社の持つ Web ログや顧客 DB などのデータを蓄積，管理，分析する「プライベート DMP」の2種類がある。パブリック DMP では，株式会社インテージが提供

175

第Ⅱ部　DTC マーケティングの基本

するプラットフォーム「di-PiNK」などがある。

（動画広告）

　サイト内でテレビ CM のように動画を流す広告である。Yahoo! のトップペー
ジのバナー枠の「ブランドパネル」などは有名である。バナー枠の「ブランド
パネル」などはインバナー広告と呼ばれているが，YouTube などの動画プレ
イヤー内でコンテンツの前後に数秒間流れるものをインストリーム広告，SNS
やニュースサイトなどのコンテンツの間に入り込むタイプをインフィード広
告[12] と言う。

　メリットとしては，映像や音声を用いて豊富な情報量を流し訴求することがで
きる。一方，デメリットとしては，テレビ CM などと同様にクリエイティブ
の制作に時間と費用がかかることがある。

（ネイティブアド）

　コンテンツの掲載面に自然に溶け込ませることで，コンテンツの一部として
見てもらうことを目的とした広告のことである。インターネットの世界での呼
び名で紙媒体での「記事体広告」や「ペイドパブリシティ」に似ているが，イ
ンターネットの世界では概念が違うと言うことだ。しかし，お金を払う広告で
あることには間違いないので，第 5 章で説明したように医療用医薬品の DTC
広告では十分に注意することが必要だろう。

（CTR）

　Click Through Rate の略で，日本語ではクリック率と言う。Web 広告で，
表示された広告回数に対するクリック数の比率を表す。広告クリック数÷広告
表示回数＝ CTR。CTR により広告を見た人がどれくらいの割合でサイトに訪
れたかが分かる。CTR が高いほど効率の良い広告と言うことができる。

176

（CPC）

Cost Per Click の略で，広告をクリックした1回あたりの金額のことを表す。日本語ではクリック単価と言う。広告料金÷クリック数＝CPC。CPC の金額が低いほど，その広告は効率的にユーザーをサイトに連れてきていると言うことができる。

（CV）

Conversion の略で，サイトを訪問するユーザーに期待する「目標を達成する行動」のことを言う。具体的には，EC サイトであれば「商品の購入をする」，企業広報サイトであれば「資料請求をする」などである。疾患啓発サイトでは，「病院検索機能で検索を終了する」などを CV とすることが多いようだ。

（CVR）

Conversion Rate の略で，日本語ではコンバージョン率と言う。そのサイトにアクセスしたユーザーのうちコンバージョンに至った比率を表す。コンバージョンに至った人の数÷サイト全体の訪問者数＝CVR。

コンバージョンを「病院検索機能で検索を終了する」としておけば，サイトを訪れた人のどれくらいの割合が病院検索をしたかがわかる。

（CPA）

Cost Per Acquisition の略で，日本語では成果単価または顧客獲得単価と言う。CPA は Web 広告の場合は，CV（コンバージョン）1件あたりにかかった広告費用を示すことになる。広告料金÷コンバージョン数＝CPA。「病院検索を終了する」をコンバージョンとした場合，検索を終了した人が医療機関を受診する確率はそれ以外の人よりは高くなるはずだ。この費用は Web 広告を実施した際に最も重要視されるものとなる。

第Ⅱ部　DTC マーケティングの基本

　これらの Web 広告を駆使して自社が構築したサイトに対象となる患者に訪問してもらうように広告展開を考えるのであるが，インターネットの世界ではどの広告によってサイトを訪問したか測定できる仕組みになっている。定期的にこの測定数値を確認して，採用する Web 広告や広告表現の内容を見直していく作業が必要になってくる。サイトは構築し公開するまで大変な作業であるが，同じくらいに公開後のコンテンツ更新や Web 広告施策の検証作業は重要である。サイトへのアクセス解析における考え方や用語については第 7 章にて説明をする。

注
1）総務省（2017），p. 3。
2）総務省（2017），p. 8。
3）同上。
4）日本製薬工業協会・コード・コンプライアンス推進委員会・医療用医薬品製品情報概要審査会（2016）。
5）同上。
6）同上。
7）総務省（2017），p. 8。
8）日本製薬工業協会・コード・コンプライアンス推進委員会・医療用医薬品製品情報概要審査会（2016）。
9）同上。
10）株式会社インテージ（2017）。
11）（CV）の解説を参照。
12）インフィード広告は一般的な広告用語で動画広告に限らない。広告が出稿される場所を表している。例えばテレビ広告でも番組の途中に入る広告で「タイム」以外の広告のことを「インフィード」と呼び，「スポット」と分けている。

第7章

効果検証の考え方

1. 処方箋データを用いた分析（DTC-ACE）
2. ターゲット広告メディアを用いた効果検証（i-DReaMer）
3. 病院検索を利用したユーザーの受診行動アンケート（QLife）
4. サイトへのアクセス解析について

第Ⅱ部　DTCマーケティングの基本

　ここまでDTCが普及してくると実施する製薬企業各社ではさまざまな効果検証を行っている。セミナーなどで講演をするとよく「DTCを実施する際の効果検証方法を教えてください」という漠然とした質問を受けるが，一言でこれに答えられるほど単純なものではない。「効果」という言葉の定義についてまず決めなければ検証方法は見えてこない。「効果」を「売上増加」とするのが一番わかり易そうであるが，IMCであるDTCマーケティングにおいてプッシュ戦略，プル戦略さまざまに組み合わされて実施している以上，一つ一つの施策やメディアによる広告，ツールの効果をすべて切り分けて個々に「売上増加」との相関をみていくのは不可能と思っておいた方がよい。「効果」を何で見ていくのかその指標設定そのものがまずは重要である。

　現在，DTCを実施した際の効果検証手法を自社内で確立し運用している製薬企業はそこに至るまでに何回もトライアンドエラーを繰り返し，関係者が大変な苦労を重ねて実際に使える方法論を手に入れている。全くDTCを実施していないのに確立された効果検証方法（それも売上増加に対する効果検証方法）だけを先に入手することを考えることなど虫が良すぎるのではないだろうか。

　効果指標の定義にもよるが，最近ではDTCの効果検証に利用できるさまざまなサービスが提供されてきている。これら一つの方法でDTCすべての効果指標を検証できるわけではないが，利用がふさわしい案件では使ってみて数値を得ておく価値は大いにある。簡単にそれぞれを説明しておきたい。また，前章で述べたサイトやWeb広告に関しては効果検証がかなり厳密にできる仕組みになっている。このことについても簡単に説明をしておきたい。実際の効果検証では従来のDTC実施前や実施後のサンプル調査による比較などの効果検証と組み合わせて総合的に効果を判断していくことになるだろう。効果検証については，DTCのプランニングと同じタイミングでこれについても計画をして準備をしておく必要がある。社内の調査部門や協力会社のマーケターなどとも綿密に打ち合わせをして準備をする必要がある。DTCの一連の活動が終息してから検証方法を考え始めるようでは手遅れであるのは否めない。

180

1．処方箋データを用いた分析（DTC-ACE）

消費財のマーケティング，とくに小売店の店頭販売動向の分析では POS システム[1]が導入され普及している。販売された時点での情報であり，すべて実数のデータであるため売れ筋商品，死に筋商品，同時購買商品などを分析することができ，経営に生かされている。これと同じように DTC 活動の実施に伴う効果を処方箋の状況で把握しようとして開発されたのが，株式会社協和企画メディトレンド事業部の「DTC-ACE（DTC 活動評価システム）」である。同社では「Medi-Trend」[2]という処方箋データベースを製薬企業に提供しており，このデータベースを活用してのサービスである。通常の Medi-Trend では月次のデータの提供であるが，この DTC-ACE を活用するとデータが日次で提供され分析が可能になる。DTC マーケティング活動，例えばテレビ広告実施の日次の GRP 数値と処方箋データでわかった新規患者数の日別の変動の相関を見ることができる。図表7-1[3]にある製品の分析グラフのサンプルを示す。新規患者数と DTC テレビ広告（GRP）の推移を比較してみることが

図表7-1　DTC-ACE 分析グラフサンプル

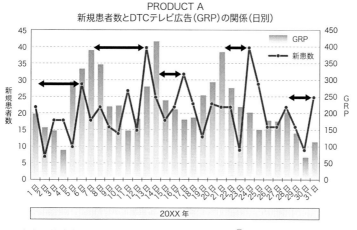

（出典）株式会社協和企画社内資料　Medi-Trend®

第Ⅱ部 DTCマーケティングの基本

できる。この分析グラフサンプルからわかるのは，DTCテレビ広告の露出が多かった日の3日後から6日後には有意に新規患者数が増えていることだろう。このグラフの日付はサンプルであるが，実際の分析では日曜日の医療機関休診日も踏まえて行えるので，DTCによる患者への影響を処方動向と新規患者数の動きでよくわかる仕組みになっている。また，DTC-ACEの良いところはプロダクトマネージャーの一番知りたい市場動向も把握できることである。もともとMedi-Trendは，この市場動向を見るために開発されたデータベースなので，DTCマーケティング活動の実施前，実施中，実施後の期間設定をして数字を整理し市場における自社製品の処方の動きと競合製品の動きが一目瞭然で把握できる。図表7-2[4]に新患ブランドシェアの変化のグラフを示す。実際の分析は同社と相談して進めることになるが，処方箋データと相関をみる数値はテレビ広告以外でも可能であるので，自社で収集しているさまざまなDTC施策の実際のデータと組み合わせてみるといろいろなことが見えてくることだろう。

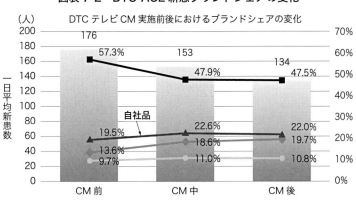

図表7-2　DTC-ACE 新患ブランドシェアの変化

（出典）株式会社協和企画社内資料　Medi-Trend®

182

2. ターゲット広告メディアを用いた効果検証（i-DReaMer）

　疾患で悩んでいる患者だけにダイレクトにアプローチして，その疾患について啓発をしながら自社が構築した疾患啓発サイトに誘導することにより，見てもらいたいコンテンツや病院検索などをしたかどうかも検証できるサービスがあれば便利で効率がよいだろう。このようなことを可能にしたのが，株式会社インテージが販売するサービス「i-DReaMer」である（図表7-3）[5]。大手携帯電話キャリアのユーザーを中心とする会員組織のなかからあらかじめ80の属性が分かっている約480万人（2017年8月現在）を母体として，属性を絞りこんだ会員に対してアンケート形式で疾患啓発を行い，特定のサイトへ誘導を図って行くプロモーション手法である。あらかじめターゲティングができているのでサイト誘導効率がよいとされている。このサービスの良いところは，疾患啓発とサイト誘導のアプローチが終了してから一定期間（疾患によりその期間は変動する）後に改めて同じ人に対して事後のアンケートを実施できることである。事後のアンケートでは，サイトを訪問した人としなかった人両方の

図表 7-3　i-DReaMer の特徴

大手携帯電話キャリアの会員組織に直接アプローチできるアンケート型広告メディアです。
ターゲットの選定から，疾患啓発，サイト誘導，効果検証まで一気通貫でご提供する
プロモーションサービスで，「伝えたい人」に効果的な訴求が可能です。

①ターゲティング	②疾患啓発	③サイト誘導	④効果検証
約80の属性による ターゲットを絞った効率的な配信 アンケート回答での 絞り込みも可能	アンケートの特性 高い読了率 （広告内で啓発可能）	ターゲットが明確なので 高いクリック率	事後アンケートで 受診行動や意識の変化を確認

（出典）INTAGE Inc. All Rights Reserved

第Ⅱ部　DTCマーケティングの基本

意識を聞くことができ，サイトを訪れて病院検索を実行した人には医療機関への受診行動の有無まで聞くことができる。さまざまなDTCの広告メディアやツールがあるが，施策の実施前後で同一人物の意識を比較して聞くことができるサービスはあまりない。

　ただし，このサービスは大手携帯電話キャリアのユーザーが主な対象となるため，実施にあたっては該当する疾患や製薬企業の構築したサイトに関してキャリアの事前審査が必要である。また，属性は疾患に絞り込んだものではないので，ターゲティングしづらい疾患もあったりする。利用できれば有効な効果検証ができる可能性がある。

３．病院検索を利用したユーザーの受診行動アンケート（QLife）

　株式会社QLifeでは，多くの製薬企業の疾患啓発サイトに病院検索機能のサービスを提供している。そのため病院検索の利用ユーザーの膨大なデータを自社内に所有しており，それを調査会社が有する調査パネルの会員データとマッチングをすることにより，「病院検索利用，かつ，調査会社の会員ユーザー」だけを括り出して，受診行動についてアンケートを実施するサービスの

図表7-4　Qlife 受診行動アンケートの概要

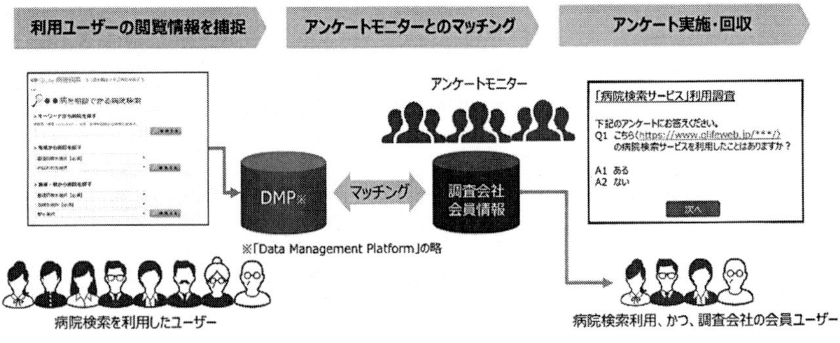

（出典）株式会社 Qlife　社内資料

第7章　効果検証の考え方

提供を始めた（図表7-4）[6]。これにより，病院検索をした後の受診行動の調査や製薬企業の構築したサイトに対する理解・認知度などの調査が可能となった。

　該当するDTCの実施規模やサイトへの訪問者，病院検索の利用者の数によって「病院検索利用，かつ，調査会社の会員ユーザー」の総数がどの程度確保できるか不確定な部分もあるが，サイトやインターネットを利用した施策をDTCのメインに据えて実施することが多くなった最近のDTCでは興味深い結果が得られることだろう。

4．サイトへのアクセス解析について

　第6章でサイトの構築とそこへ対象となる患者に訪問してもらうためのWeb広告について述べたが，ここでは自社が構築したサイトを訪問したユーザー[7]についてどのように検証（解析）していけばよいかについて基本的な考え方を紹介し用語の説明をしたい。

　マスメディアの広告効果を計ろうとした場合，どうしてもサンプル調査に頼らざるを得ない。サンプル調査の結果はあくまでも統計的に母集団を代表しているだろうという推定であって実数の結果ではない。ところが，サイトへのアクセス数は実数である。サイト内の閲覧行動に関しての数値も実数である。このため，DTCのコミュニケーションでサイトが重要視されてきてからはこのアクセスの解析に各社が力を入れているのである。前にも述べたが，サイトの場合印刷物とは違って構築して公開すればそれで完了ということではない。むしろ公開した後の検証の方が重要で，いかにしてサイトを改善して効率よく運用していくかが肝となる。そのために定期的にGoogle Analytics[8]などのアクセス解析ツールを使って分析を行っていく。

　アクセス解析を行う基本的な考え方は次のとおりである。

(1)　製薬企業がそのDTCで想定したシナリオに沿ってユーザーがサイト内を閲覧移動して，見てもらいたいコンテンツや病院検索機能などにたどり

第Ⅱ部　DTCマーケティングの基本

ついているかを分析する。

(2)　サイトを公開した際に想定したキラーコンテンツなど重要なコンテンツ
をしっかりと閲覧してくれているかを分析する。

(3)　Web広告からアクセスしてきたユーザーが，すぐに離脱せずにうまく
サイト内を移動してくれているか。

(4)　公開前に想定した指標と比べて実際に数値が確保されているか。(課題
が発見されれば改善策を講じる必要がある)

サイトへのアクセス解析を行う際によく出てくる用語を解説しておこう。

(ページビュー数 (PV))

サイト内の特定のページ (ユニークなURL) ごとの累計閲覧回数のこと。
サイトがどのくらい閲覧されているかを測るための最も一般的な指標である。

(ビジット数 (訪問数))

サイト全体におけるユーザーの訪問回数のこと。同一ユーザーの再訪はカウ
ントする。一人で5回訪問すれば，ビジット数は5である。

(ユニークユーザー数 (UU))

一定期間にサイトを訪問した人数のこと。同一ユーザーの再訪はカウントし
ない。前記ビジット数との違いは同じ人が何回も訪問してもUUは1となる。

(セッション数)

サイトへアクセスしたユーザーがサイト内を閲覧移動してサイトから出て行
くまでの一連の行動をまとめて「1セッション」と言う。Google Analyticsで
は30分ルールを設けており，同じユーザーの閲覧であっても，各ページの閲
覧開始時間の間隔が30分を超えたら，それぞれのページの間でセッションを
切る (異なる訪問としてカウントする) というルールである。

186

第7章　効果検証の考え方

（滞在時間）

　1回のセッション中にユーザーが滞在した時間のことである。これが長いほど優良なコンテンツが揃っていると一般には考えられる。

（直帰率）

　外部からサイトを訪れたユーザーが最初のページから他のページに行かずにそのサイトを退出した割合のことを言う。この直帰率が高い場合，ユーザーがそのサイトで初めて訪れるページで情報を適切に伝えられていない可能性がある。

（CV）

　Conversion の略で，サイトを訪問するユーザーに期待する「目標を達成する行動」のことを言う。具体的には，EC サイトであれば「商品の購入をする」，企業広報サイトであれば「資料請求をする」などである。疾患啓発サイトでは，「病院検索機能で検索を終了する」などを CV とすることが多いようだ。

（CVR）

　Conversion Rate の略で，日本語ではコンバージョン率と言う。そのサイトにアクセスしたユーザーのうちコンバージョンに至った比率を表す。コンバージョンに至った人の数÷サイト全体の訪問者数＝CVR。

　コンバージョンを「病院検索機能で検索を終了する」としておけば，サイトを訪れた人のどれくらいの割合が病院検索をしたかがわかる。

（入口ページ）

　1回のビジット内でユーザーが最初に閲覧したページのこと。

187

第II部　DTCマーケティングの基本

（出口ページ）

　1回のビジット内でユーザーが最後に閲覧したページのこと。

（新規訪問者数）

　一定の期間内にはじめてサイトに来たユニークユーザーの数。

（再訪問者数）

　一定の期間内にサイトを再訪したユニークユーザーの数。

　これらの用語を理解したうえで，サイトへのアクセス解析を定期的に実施していくことになる。大抵の場合，サイトの構築と運営を委託した専門会社が定期的に「Webサイトアクセス解析レポート」を作成して報告をしてくるはずである。サイトの公開前に想定をした各種の数値と実際の数値が大きく乖離している時は何らかの問題が発生している可能性がある。サイト全体を検証するとともに一つ一つのコンテンツでも検証を実施し，芳しくないコンテンツについては更新や代替を早めに進めたい。定期的なサイトへのアクセス解析を通じてサイトを常に改善して効率よく運用していくことが必須である。

謝辞

　本書第II部の第6章ならびに第7章の執筆にあたっては株式会社インテージ コンシューマーセントリックコミュニケーション部の楠薫氏にアドバイスを頂いた。ご快諾を頂いた同氏及び，同部門の皆様に御礼を申し上げる。また，第4章ならびに第6章の執筆にあたっては株式会社クロエ マーケティングサービス準備室の杉本徹氏からアドバイスを頂いた。合わせて御礼を申し上げる。

注

1）point of sale の略。日本語では販売時点管理と言う。スーパーマーケットなどのレジスターで，商品の販売と同時に商品名・数量・金額などをバーコードリーダーなどの自動読み取り機で収集し，データを蓄積しその情報をもとに販売動向を分析してマーケティング活動に利用するシステムのこと。

2）Medi-Trend は株式会社協和企画の登録商標である。

188

第7章　効果検証の考え方

3）株式会社協和企画（2017）。
4）同上。
5）株式会社インテージ（2017）。
6）株式会社 QLife（2017）。
7）サイトを訪問する者が必ずしも患者だけではないので，ここではユーザーという言葉を
　あえて使用する。
8）Google Analytics とは，Google が無料で提供する Web ページのアクセス解析サービス
　のこと。大企業だけでなく，中小企業や個人であっても登録設定をしておけばサイトのア
　クセス解析をすることができる。

189

第Ⅲ部

資料編

資料 Ⅰ

DTC・作品別 CM 放送回数 TOP10 と CM 好感度（関東・2012−16 年度）

資料提供社：CM 総合研究所（株式会社東京企画）

第Ⅲ部　資料編

社名：CM 総合研究所（株式会社東京企画）

会社住所：東京都港区芝公園 1-7-6

連絡部門名：CM 総合研究所　広報部　渡辺忍

連絡電話番号：03-6435-7420

連絡メールアドレス：watanabe@cmdb.co.jp

Web サイト：http://www.cmdb.co.jp

提供資料：DTC・作品別 CM 放送回数 TOP10 と CM 好感度（関東・2012-16 年度）

サービス名：テレビ CM 効果最適化のためのデータ提供とコンサルティング

CM 総合データベースと CM 好感度調査で顧客企業を支援

　「広告は時代を映す鏡」と呼ばれます。とくにテレビ CM は一度に最も多くの人々にメッセージを届けるメディアとして，あらゆる世代に親しまれて半世紀以上が過ぎました。インターネットの普及でメディアが多様化する現在でも，テレビ CM は認知獲得や販売促進・ブランディングを目的に年間 2,000 社を超える広告主に活用されています。

　当社は，関東圏・関西圏・BS で放送されるすべてのテレビ CM の広告主名・商材名・出演タレント名・CM 音声などを記録，全素材別に放送量の総合データベースを構築。またテレビ CM の効果測定として現在は関東と関西地域で月 2 回，計 6,000 人の消費者に CM 好感度調査を実施しています。調査結果に多角的な分析を加えて広告主をはじめとする業界各社・団体に情報提供することで，消費者の心をつかむ広告作りや売上向上のためのコンサルティングをしています。

所属団体：

・DTC ソリューション協議会

・一般社団法人 全日本シーエム放送連盟

・一般社団法人 日本アド・コンテンツ制作協会

・一般社団法人 日本インタラクティブ広告協会

　196 頁～197 頁の資料は，前記の資料提供社のご厚意により読者の参考となることを目的として掲載しています。当該資料を営利，非営利を問わず引用あるいは転載

資料 I　DTC・作品別 CM 放送回数 TOP10 と CM 好感度（関東・2012−16 年度）

する場合は，必ず資料提供社にお問い合わせください。無断利用によるいかなるトラブルに関しても著者および出版社は何ら責任を持ちません。

※掲載データについて

　このリストは 1 年間の DTC テレビ CM 作品を放送回数の多い順に各年 10 作品，CM 好感度とともに並記したものです。CM 好感度は直近の出稿量，オンエア期間，商材への関与度，タレント起用，クリエイティブなどの影響を受けています。

　得票が確認されるのは，毎月東京キー 5 局でオンエアされる約 4,200 作品中の約 1,400 作品（33％），年間でもおよそ半数の 50％です。1989 年から現在まで，ブランドやキャンペーン毎に視聴者の実態を捉えたオンエアの効果測定として，競合比較，過去の事例検証に活用されています。

データ項目について
・放送回数：東京・大阪・BS でオンエアされた CM の放送履歴を全件記録。作品・銘柄・企業単位で集計しています。
・作品月令：作品誕生から当年度末の 3 月度時点での経過月数を示しています。
・CM 好感度調査：毎月 2 回東西 6,000 名のモニターに対して実施するアンケート調査。心に残ったテレビ CM の企業名，商品・サービス名，CM の特長・情景を純粋想起で自己記述により採集する広告効果測定です。CM 好感度は同調査で想起された得票数です。

注記
・企業・銘柄・作品名は CM 総合研究所による登録名称で，事業主の名称とは異なる場合があります。

第Ⅲ部　資料編

年度 （4-3月計）	DTC作品別CM 放送回数年間順位	放送回数	企業名	銘柄名
2016年度	1	1166	ギリアド・サイエンシズ	C型肝炎啓発
	2	548	MSD	肺炎球菌啓発キャンペーン
	3	492	日本イーライリリー	骨粗しょう症啓発
	4	361	日本イーライリリー	骨粗しょう症啓発
	5	335	ファイザー	肺炎球菌啓発キャンペーン
	6	298	MSD	肺炎球菌啓発キャンペーン
	7	278	MSD	肺炎球菌啓発キャンペーン
	8	203	ファイザー	禁煙治療啓発キャンペーン
	9	202	エーザイ＆ファイザー製薬	神経障害性疼痛啓発キャンペーン
	10	197	ファイザー	禁煙治療啓発キャンペーン
2015年度	1	833	MSD	肺炎球菌啓発キャンペーン
	2	706	日本イーライリリー	骨粗しょう症啓発
	3	690	ファイザー	肺炎球菌啓発キャンペーン
	4	492	エーザイ＆ファイザー製薬	神経障害性疼痛啓発キャンペーン
	5	370	MSD	肺炎球菌啓発キャンペーン
	6	363	エーザイ＆ファイザー製薬	神経障害性疼痛啓発キャンペーン
	7	328	ファイザー	禁煙治療啓発キャンペーン
	8	269	MSD	肺炎球菌啓発キャンペーン
	9	219	日本イーライリリー	骨粗しょう症啓発
	10	215	アステラス製薬	過活動膀胱の疾患啓発キャンペーン
2014年度	1	1248	MSD	肺炎球菌啓発キャンペーン
	2	494	ヤンセンファーマ	C型肝炎啓発キャンペーン
	3	452	エーザイ＆ファイザー製薬	神経障害性疼痛啓発キャンペーン
	4	449	ブリストル・マイヤーズ	C型肝炎啓発
	5	395	ファイザー	禁煙治療啓発キャンペーン
	6	388	ブリストル・マイヤーズ	C型肝炎啓発
	7	361	エーザイ	認知症啓発キャンペーン
	8	354	MSD	AGA啓発キャンペーン
	9	267	ファイザー	禁煙治療啓発キャンペーン
	10	235	ファイザー	禁煙治療啓発キャンペーン
2013年度	1	1317	ファイザー	禁煙治療啓発キャンペーン
	2	1186	MSD	肺炎球菌啓発キャンペーン
	3	642	エーザイ＆ファイザー製薬	神経障害性疼痛啓発キャンペーン
	4	459	シオノギ製薬	インフルエンザ早期治療啓発キャンペーン
	5	441	ファイザー	禁煙治療啓発キャンペーン
	6	376	シオノギ製薬＆日本イーライリリー	うつ病啓発キャンペーン
	7	367	シオノギ製薬	ニキビ疾患啓発キャンペーン
	8	355	ファイザー	禁煙治療啓発キャンペーン
	9	261	MSD	AGA啓発キャンペーン
	10	151	アストラゼネカ	逆流性食道炎啓発キャンペーン
2012年度	1	836	ファイザー	禁煙治療啓発キャンペーン
	2	782	ファイザー	禁煙治療啓発キャンペーン
	3	769	ファイザー	禁煙治療啓発キャンペーン
	4	510	第一三共	認知症啓発キャンペーン
	5	456	MSD	C型肝炎啓発キャンペーン
	6	417	MSD	AGA啓発キャンペーン
	7	405	MSD	AGA啓発キャンペーン
	8	387	MSD	子宮頸がん啓発キャンペーン
	9	367	グラクソ・スミスクライン	子宮頸がん啓発キャンペーン
	10	336	MSD	子宮頸がん啓発キャンペーン

資料 I　DTC・作品別 CM 放送回数 TOP10 と CM 好感度（関東・2012-16 年度）

作品名	作品月令	CM好感度	好感度総合順位	作品誕生日
喜びの帰り道	6	2	5641	2016/9/26
西田敏行：ドクターと定期接種をお知らせ・親子で検索	18	2	5421	2015/10/10
桃井かおり：2人のかおり	13	1	6746	2016/2/22
桃井かおり：2人のかおり・騒り	9	1	7245	2016/7/18
加山雄三：座談会	9	4	3732	2016/6/27
坂本玉三郎：気をつけていますか？	1	4	3709	2017/2/25
西田敏行：ドクターと定期接種をお知らせ・夫婦で検索	23	1	7626	2015/5/16
親子禁煙講座：作文・応援	15	3	4131	2016/1/4
武田鉄矢：神経の痛み講座・その2	6			2016/10/16
親子禁煙講座：作文・長生きしてほしい	15	3	4364	2016/1/4
西田敏行：ドクターと定期接種をお知らせ・親子で検索	6	12	1693	2015/10/10
桃井かおり：女の背中	16	4	3956	2014/12/1
加山雄三：健康寿命をのばそう。	7	13	1609	2015/8/24
武田鉄矢：人形を使って講義・2時間目	12			2015/3/27
西田敏行：ドクターと定期接種をお知らせ・夫婦で検索	11	3	4261	2015/5/16
武田鉄矢：人形を使って講義・1時間目	12	6	2917	2015/3/27
親子禁煙講座：1・禁煙応援の話	15			2015/1/6
西田敏行：ドクターと定期接種をお知らせ・女友達	1	1	7243	2016/2/20
桃井かおり：2人のかおり	1	1	6746	2016/2/22
藤田弓子：話そう！過活動膀胱	5	1	7243	2015/11/7
西田敏行：ドクターと定期接種をお知らせ	6	14	1681	2014/10/4
吉幾三：治療に行くぞ！！	10			2014/5/24
武田鉄矢：講義	14	2	5539	2014/1/25
倍賞千恵子：葉陰	2			2015/1/24
親子禁煙講座：1	12	9	2459	2014/4/1
倍賞千恵子：白い階段	6	2	5419	2014/9/20
檀ふみ：小阪憲司先生に聞く	5	8	2663	2014/11/14
ラバーガール：洗面所で問題です	1	2	5264	2015/2/21
親子禁煙講座：2	8	7	2882	2014/8/18
親子禁煙講座	7	3	4600	2014/8/25
小西真奈美：2万円で禁煙	16	16	1486	2012/12/1
西田敏行：ストレートトーク	6	17	1358	2013/9/21
武田鉄矢：講義	2	8	2649	2014/1/25
尾木ママのママ友会議	4	12	1977	2013/12/14
小西真奈美：楽な気分で禁煙	15	2	5302	2012/12/29
うつの痛み	6			2013/10/7
ブラックマヨネーズ：もしも吉田が	6	13	1777	2013/10/17
小西真奈美：ロビー	7	6	3328	2013/8/26
爆笑問題：増える責任	21	3	4295	2012/7/14
笘利夫：食道捜査官・胸やけ	8	1	6408	2013/8/19
小西真奈美：2万円で禁煙	4	6	3287	2012/12/1
仲間由紀恵と温水洋一：禁煙ファミリー・通院	12	11	2150	2012/4/16
仲間由紀恵と温水洋一：禁煙ファミリー	13	12	1955	2012/2/23
樹木希林：誕生会	13	76	176	2012/3/17
オール巨人：克服しました	6	4	4192	2012/10/8
爆笑問題：昇進	11	1	7292	2012/5/12
爆笑問題：増える責任	9	5	3694	2012/7/14
未来へ	4	7	2868	2012/12/15
相武紗季：保健室の先生	10	15	1572	2012/6/16
母の愛	10	3	4550	2012/6/18

197

資料 Ⅱ
ペイシェント・エクスペリエンスデータ

資料提供社：株式会社クロエ

第Ⅲ部　資料編

社名：株式会社クロエ／株式会社クリニカル・トライアル
会社住所：東京都豊島区南池袋 1-13-23 池袋 YS ビル 2F
連絡部門名：
　株式会社クロエ　マーケティング・サービス準備室　金野，杉本，川下
連絡電話番号：03-5953-2108
連絡メールアドレス：info@croee.com
Web サイト：
　株式会社クロエ　http://www.croee.com
　株式会社クリニカル・トライアル　http://www.clinical-trial.co.jp
運営メディア：
　生活向上 WEB　http://www.seikatsu-kojo.jp
　がん情報サイト「オンコロ」　http://oncolo.jp
　希少疾患情報サイト「RareS.（レアズ）」https://rareas.net

提供資料：ペイシェント・エクスペリエンスデータ
　　　　　（生活向上 WEB 会員属性データ，アンケートデータなど）

サービス名：ヘルスケアマーケティング
　クロエグループで保有する 75 万人のパーソナルヘルスケアレコード（PHR）を活用して，ターゲットとなる疾患患者や潜在患者，患者介護者などのペイシェント・エクスペリエンス（PX：患者体験）をもとに患者インサイトを分析し，最適なソリューションを提供します。また，被験者リクルートメントのリーディングカンパニーとして治験フェーズからのペイシェント・エクスペリエンスも蓄積し，効果的なマーケティングを実現します。

所属団体：
・DTC ソリューション協議会
・日本 CRO 協会（賛助法人）
・協同組合臨床開発支援ネットワーク「SMONA」

　202 頁〜206 頁の資料は，前記の資料提供社のご厚意により読者の参考となることを目的として掲載しています。当該資料を営利，非営利を問わず引用あるいは転載

200

資料Ⅱ　ペイシェント・エクスペリエンスデータ

する場合は，必ず資料提供社にお問い合わせください。無断利用によるいかなるト
ラブルに関しても著者および出版社は何ら責任を持ちません。

第Ⅲ部　資料編

1．生活向上 WEB 概要

　治験モニター募集のための会員制ポータルサイトで，現在，75万人の会員データベースとなっています。WEB，メール，コールセンターを通じて，会員とコミュニケーションしています。これらの会員とのコミュニケーションで得られた疾患情報や服薬履歴，臨検値データを蓄積し，各種臨床試験被験者募集および疾患マーケティング施策に活用できるメディアです。

2．生活向上 WEB 疾患データベース登録数

基本属性として性・年代・地域の属性分布情報に加えて，約 200 数種類以上の疾患情報や臨検値データ，服薬情報をデータベースに蓄積。これらの情報を活用して効果的・効率的に患者へのコミュニケーションに活用できます。

生活向上WEB会員属性

3．ペイシェントジャーニーマップで患者動向を整理

　患者が病気や症状を認識してから，色々情報収集し，OTC薬を購入したり，病院での治療経験など患者の医療従事者とのコミュニケーションや医療用医薬品を処方され，薬を服用したりするすべての患者体験をペイシェント・エクスペリエンスと言います。これらを時系列にマップ化したものがペイシェントジャーニーマップです。下記は，一般的な概念図ですが，実際は患者が100人いれば100とおりのジャーニーマップが存在すると言えます。

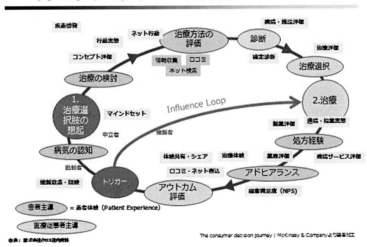

4．治験満足度調査結果

調査対象者：生活向上 WEB 会員治験（臨床試験）参加終了者
調査回収数：2,870 名
　Phase II/III　：872 名（30.4％）
　Phase I　　　：898 名（31.3％）
　健食／コスメ：1,100 名（38.3％）
調査期間：2017 年 2 月 6 日〜 2017 年 2 月 28 日　調査項目数：14 問
調査方法：生活向上 WEB インターネット調査
治験 NPS　治験参加について推奨度合を NPS（Net Promoter Score）で計測。
　治験参加者の NPS スコア（推奨度）は，全体では（-27％）で，治験（Phase I〜III）種別によって大きな差異は見られませんでしたが，「健食・コスメ」は批判者比率も少なく NPS スコアが（-19％）でした。業界水準と比較すると「航空業界」（-30％）「セレクトショップ」（-36％）と業界水準としてかなり高いと言えます。

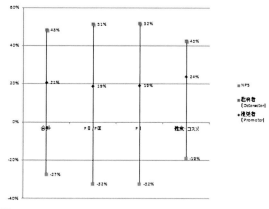

第Ⅲ部　資料編

5．患者インサイト事例　過敏性腸症候群（IBS）便秘 MROC

　クロエで実施した「過敏性腸症候群（IBS）便秘薬」治験において，治験に応募したが，治験には参加しなかった，便秘で困っている女性に普段の食習慣や便秘症状の実態，便秘症状への対処方法などクローズドなコミュニティに入っていただき1カ月間のリサーチ実施。コミュニティを活用した調査手法を MROC（Marketing Research Online Community）と言います。

　グループインタビューとは異なり，実際の生活シーンのなかで感じた感情や症状の実態を過去の記憶を思い出しながらではなく，即座にインタビューできて患者インサイトを引き出す調査手法として注目されている手法です。

医療機関内における患者行動・意識調査

資料提供社：株式会社メディアコンテンツファクトリー

第Ⅲ部　資料編

社名：株式会社メディアコンテンツファクトリー
会社住所：東京都港区芝公園 2-2-22　芝公園ビル 7 階
連絡部門名：メディア事業本部
連絡電話番号：03-5402-6905
連絡メールアドレス：media@media-cf.co.jp
Web サイト：
　株式会社メディアコンテンツファクトリー　http://www.media-cf.co.jp
　患者向け情報発信ディスプレイ「メディキャスター」　http://www.signage-media.com/

提供資料：医療機関内における患者行動・意識調査

サービス名：患者向け情報発信ディスプレイ「メディキャスター」
　医療機関待合室に設置される患者向け情報発信ディスプレイ「メディキャスター」
は，サービス開始から 20 年になります。発信情報は，以下の 3 分野を扱います。
　①　ディスプレイが設置される医療機関からの施設独自情報
　②　株式会社メディアコンテンツファクトリーからの医療・健康情報
　③　広告出稿を行うヘルスケア企業・団体からの患者向け情報
　医療機関待合室は，医療・健康情報の受容性が非常に高くなるタイミングである
ため，医療機関やヘルスケア企業・団体は積極的にこのツールを用いて情報を発信
しています。その際，効果的に患者を動かすための患者意識調査を定期的に行って
います。

所属団体：
・DTC ソリューション協議会

　209 頁～213 頁の資料は，前記の資料提供社のご厚意により読者の参考となること
を目的として掲載しています。当該資料を営利，非営利を問わず引用あるいは転載
する場合は，必ず資料提供社にお問い合わせください。無断利用によるいかなるト
ラブルに関しても著者および出版社は何ら責任を持ちません。

資料Ⅲ　医療機関内における患者行動・意識調査

1．疾患啓発・受診促進情報の認知拡大と受診率

　さまざまなメディア・ツールを使った疾患啓発・受診促進活動は積極的に行われ，DTC関連情報の認知度も高まっている。表1は，2017年4月期実施の「近年行われたDTC施策についての待合室患者の認知度調査」である。これによると，認知度の高い疾患・治療では，6割を超える認知を獲得していることがわかった。

　一方で，その情報を見た来院者のなかで，実際に何らかの疾患について相談・

表1　テレビ・新聞・雑誌等，日常生活で見覚えのある疾患啓発・受診促進広告を，すべてお選びください。

No.	疾患・治療	認知度
1	肺炎球菌ワクチン	65%
2	骨粗しょう症	64%
3	C型肝炎治療	63%
4	禁煙治療	49%
5	逆流性食道炎	49%
6	過活動膀胱	48%
7	心筋梗塞	47%
8	動脈硬化・治療	36%
9	神経障害性疼痛	27%
10	爪白癬（水虫）	23%
11	男性脱毛症治療	18%
12	慢性腎炎	17%

表2　テレビ・新聞・雑誌等の疾患啓発・受診促進広告を見て、実際に受診したことはありますか？

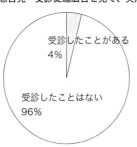

209

受診をしたことがあると答える割合は，表2によると4%程度しか存在していない。各疾患の潜在患者数等にもよるが，認知度の獲得に比べ，実際の受診行動に結びつけることは非常に難しいといえる。

2．受診行動につながりやすい待合患者への情報発信の重要性

疾患啓発・受診促進情報の認知はある程度獲得できているが，受診率はそれほど高くはないことが，前項で読みとることができた。しかし，医療機関待合室に健康にいくつかの不安を持つ患者がいないわけではなく，表3によると来院目的と異なる内容を医師に相談したい待合患者が一定の割合でいることがわかる。

表3　医療機関を受診した本来の目的と異なる内容を医師に相談したいと思うことがありますか？また、その相談内容はどのような事柄ですか？

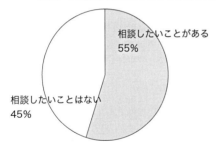

相談したいことがある方の相談内容（複数回答）

相談内容	割合
自分の別の症状	63%
家族の健康について	31%
新しい治療・薬について	22%
その他	4%

表4　医療機関を受診した本来の目的と異なる内容を医師に相談したい場合，相談しにくいと感じますか？

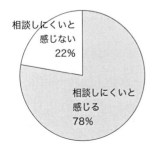

相談しにくいと感じる理由（複数回答）

	相談内容	割合
医師への不安	相談事をつい忘れてしまう	36%
	うまく説明できない気がして不安	29%
施設への不安	医師・スタッフが忙しそう	41%
	この病院で相談してよいか不安	22%
その他		4%

資料Ⅲ　医療機関内における患者行動・意識調査

　待合患者への働きかけは，すぐ医師に相談できる環境であることを考えると非常に効果的であるといえるが，表4によると患者は医師・医療機関に対し多くの不安を感じており，簡単に相談行動を起こさないこともわかっている。気軽に相談させるような仕組みを考える必要がある。

3．院内情報による待合患者への受診喚起

表5　院内情報により，あなたは病気ではないかと気づきました。直後の診察で相談しますか？

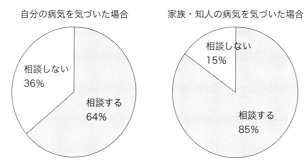

表6　自分が病気ではないかと気づいた場合でも，直後の診察で相談しない理由は？（複数回答）

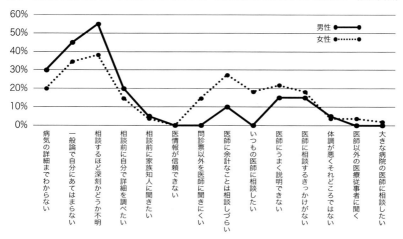

211

第Ⅲ部 資料編

院内情報により自分が病気ではないかと気づいた場合，表5に示すように6割を超える待合患者が直後の診察で相談すると答えているが，相談しない待合患者の割合も少なくない。

表6には，自分が病気だと気づいても相談をしないと答える人の理由を集計している。これによると男女に大きく傾向の違いがあり，男性は「自分にはあてはまらない」と考える傾向があり，女性は「医師への相談を躊躇する」傾向がある。このようなことも考慮し，コミュニケーション内容をプランニングしなければならない。

4．受診喚起の効果的な院内情報ツールの選定

院内での情報発信は，受診促進に非常に効果的である。より効果的な受診促

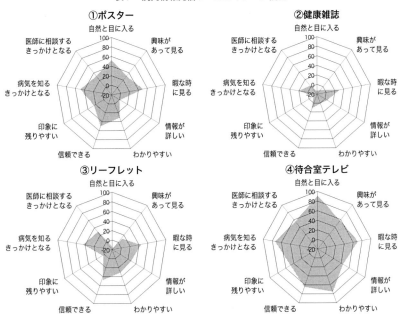

表7　院内情報発信ツールのイメージ調査

進活動を行うためには，発信情報の内容と共に情報発信ツールの選定が重要となる。表7には，代表的な院内情報発信ツール，① ポスター，② 健康雑誌，③ リーフレット，④ 待合室テレビのイメージ調査の結果を示す。それぞれのツールには特徴があるため，状況に合わせて効果的に選定する必要がある。

5．効果的な受診促進ツール：待合室テレビ

疾患啓発・受診促進情報を，注目度の高い映像でわかりやすく発信できるツールとして注目されている待合室テレビは，現在多くの施設での導入が進んでいる。

待合室テレビでは，医療機関で平均40分以上は発生してしまう「診察待ち時間」を利用し受診促進情報を発信，その後の診察で患者から医師への相談を発生させることを狙いとしている。

このような屋外に設置されるネットワーク接続されたディスプレイをデジタルサイネージと呼ぶが，この医療機関待合室デジタルサイネージは，医療機関からの情報はもちろん，製薬企業やその他ヘルスケア関連企業からの多くの情報発信に活用されている。

資料 IV

患者サポートの必要性と実際

資料提供社：シミックヘルスケア株式会社

第Ⅲ部　資料編

社名：シミックヘルスケア株式会社
会社住所：東京都港区芝浦 1-1-1　浜松町ビルディング
連絡部門名：事業推進部　事業開発グループ
連絡電話番号：03-6779-8129
連絡メールアドレス：consumer-salesG@cmic.co.jp
Web サイト：
　シミックヘルスケア株式会社　https://www.cmic-healthcare.co.jp/
運営メディア：
　健康ポータルサイト「health クリック」　http://www.health.ne.jp/
　治験情報サイト「e 治験 .com」　http://e-chiken.com/

提供資料：患者サポートの必要性と実際

サービス名：患者サポートプログラム
　シミックヘルスケアでは，メディカルコールセンター（看護師，薬剤師，栄養士，臨床検査技師）と，WEB や資材制作の経験をベースとした「患者サポートプログラム」を提供しています。
　患者サポートの目的は，アドヒアランス向上，通院継続・通院リマインド，症状記録・服薬記録です。電話や E-mail，WEB など複数のサポート手段を組み合わせ，疾患や患者属性に応じたサポートの提供と，効果的なアウトプットを実現します。
　本プログラムは，生活習慣病や骨粗鬆症，希少疾患など多くの疾患での実績を有しており，アプリを活用したプログラムも株式会社ウェルビーとの協業により運用を開始しました。アプリでのデータ取得により，データベースを活用したプロアクティブなサービスが可能となるとともに，データを共有することで医師とのコミュニケーションの円滑化を図ります。

　217 頁〜221 頁の資料は，前記の資料提供社のご厚意により読者の参考となることを目的として掲載しています。当該資料を営利，非営利を問わず引用あるいは転載する場合は，必ず資料提供社にお問い合わせください。無断利用によるいかなるトラブルに関しても著者および出版社は何ら責任を持ちません。

資料Ⅳ　患者サポートの必要性と実際

1．患者サポートプログラムの必要性

　一般に医療機関に通院している患者の受診継続率，処方継続率は低く，1年以内に約半数が治療から脱落します（図1）。通院しなくなることで，患者の回復までの期間が長引いたり，疾患が悪化し将来的に高額の医療費がかかるリスクが増します。

　従来から「自らの意志で継続する医療＝アドヒアランス」の大切さが，公衆衛生の分野で提唱されてきましたが，実際には約半数の患者が治療脱落しており，患者が自らの意志のみで治療を継続することに限界があることは明白です。

　このことから患者には，治療をつづけていくための意識，モチベーションを向上するため何らかのサポートが必要であると言えます。

図1　なぜ患者サポートが必要なのか

患者の約半数は，1年以内に治療から脱落すると言われています。

▼糖尿病における受診継続率と処方継続率

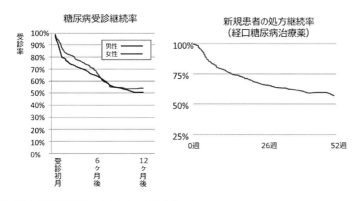

※引用：2011年日本医療データセンターより作図。

第Ⅲ部 資料編

2．患者サポートとは

　患者は自らの意志で医療機関を受診し，医師による治療を受けます。しかしながらこれには，自らの意志で治療を中断することも含まれています。

　患者サポートとは，疾患を啓発することで患者が自ら治療を継続できるようサポートすることであり，その目的は「アドヒアランス向上」を図ることです（図2）。

　このため，患者サポートには，通院継続する意義を啓発すること，通院日を忘れないようにリマインドをすること，疾患の症状の記録や服薬の記録をつけることが含まれます。とくに，症状記録・服薬記録を医師と共有することは，医師・患者間のコミュニケーションの促進，診療時間の短縮につながる可能性があります。

図2　患者サポートとは

- アドヒアランス向上
- 通院継続、通院リマインド
- 症状記録、服薬記録

3．患者サポートのスキーム例

患者サポートのスキーム例です（図3）。

患者サポートを設計する場合は，疾患ごとの特性や年齢を考慮する必要があります。高齢者が多ければ，手紙や電話を主体にサポートを行う必要がありますし，若年の患者もいる疾患であれば，WEBサイトやE-mail，スマートフォンアプリでの提供を考えます。

患者サポートで必要となるスタッフは看護師，薬剤師を中心とした医療従事者であることが望ましいでしょう。製薬会社が提供する患者サポートは医療行為ではありませんが，医療従事者とのコミュニケーション，患者とのコミュニケーションが発生することを考慮し，高品質のサポートを提供するため，医療従事者中心の体制が必要と言えます。

図3　患者サポートのスキーム例

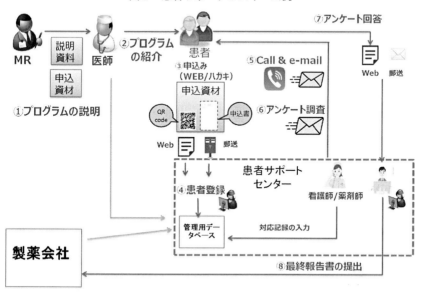

第Ⅲ部　資料編

4．有効な患者サポート例

　有効な患者サポートの例を示します（表1）。疾患ごとに患者の年齢層が異なるため，サポート方法を組み合わせることで，より効果的な患者サポートを提供することができます。

表1　有効な患者サポートの例

疾患	メニュー				
	電話	E-Mail	情報誌	手紙	その他
2型糖尿病	○		○		
糖尿病	○	○	○		アプリ
糖尿病・高血圧・不眠症		○			
高血圧				○	
脂質異常症		○			
骨粗鬆症		○			
骨粗鬆症			○	○	○栄養相談
骨粗鬆症				○	
脳卒中	○		○		
ウィルソン病		○		○	
統合失調症		○	○	○	
うつ病		○			
子宮内膜症，PMS		○			
喘息	○	○			
ピロリ除菌		○			
慢性骨髄性白血病	○		○		

220

5．事例：骨粗鬆症の患者サポート

骨粗鬆症の患者向けに行われた患者サポートの事例を示します（図4）。

約半年間のプログラム実施の結果，患者サポートを行わなかった群と比べ，16.6％以上の通院継続の向上が確認されています。このパイロットの成功を受けて開始した本運用では開始3年間で延べ2万5千人以上の患者登録が行われています。

患者サポートは，多くの患者さんに利用されることで，通院率が向上し，治療継続，処方の継続を望むことができます。

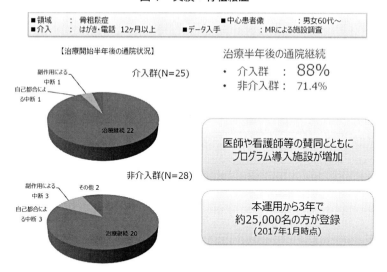

図4　実績：骨粗鬆症

資料 V

医療関連記者クラブ・PR会社

資料提供社：総合ピーアール株式会社

第Ⅲ部 資料編

社名：総合ピーアール株式会社
会社住所：東京都港区赤坂 4-3-9　高池ビル 2 階
連絡部門名：PR 業務部　担当：執行，中瀬古
連絡電話番号：03-5575-5175
連絡メールアドレス：info@sogo-pr.co.jp
Web サイト：http://www.sogo-pr.co.jp

提供資料：医療分野に関係のある記者クラブの一覧と説明。医療分野で実績のある
　代表的な PR 会社の紹介。

サービス名：ヘルスケア分野における広報・PR サービス。
　大手 PR 会社でヘルスケア分野を担当していた代表者が 2013 年 5 月に設立。疾患
啓発を中心に国内外の製薬企業の案件を手がける。従来のメディア集中型の PR サー
ビスだけでなく，地域の行政サービスや保健サービスに密着したソーシャルコミュ
ニケーションを得意としている。

所属団体：
・DTC ソリューション協議会
・東京商工会議所

　225 頁〜230 頁の資料は，前記の資料提供社のご厚意により読者の参考となること
を目的として掲載しています。当該資料を営利，非営利を問わず引用あるいは転載
する場合は，必ず資料提供社にお問い合わせください。無断利用によるいかなるト
ラブルに関しても著者および出版社は何ら責任を持ちません。

資料Ⅴ　医療関連記者クラブ・PR会社

【記者クラブ】

　医療分野が関係する記者クラブには以下のようなものがあります。日本のマスコミ業界特有の記者クラブ制度に賛否はあるものの，情報を提供する側からすれば効率的にマスコミ関係者に情報を提供できる利点は大きいといえます。資料の配布や会見の申込などには独自のルールがあり，各記者クラブの特性を充分に理解・把握し，幹事社の承諾を得たうえで利用する必要があります。
（資料データ：総合ピーアール調べ）

名称	厚生労働記者会
特徴	厚生労働省内にある一般メディアが加盟する記者クラブ。
所在地	東京都千代田区霞が関 1-2-2　中央合同庁舎 5 号館 9 階
連絡先	03-3595-2570
加盟社	NHK，日本テレビ，フジテレビ，TBS テレビ，テレビ朝日，テレビ東京，読売新聞，朝日新聞，毎日新聞，日本経済新聞，東京新聞，産経新聞，北海道新聞，西日本新聞，日刊工業新聞，日本工業新聞社，京都新聞，山陽新聞，共同通信，時事通信

名称	厚生日比谷クラブ
特徴	厚生労働省内にある専門紙が加盟する記者クラブ。
所在地	東京都千代田区霞が関 1-2-2　中央合同庁舎 5 号館 19 階
連絡先	03-3595-2571
加盟社	（常勤社）薬事日報社，じほう，薬事ニュース社，日本医事新報社，健康保険組合連合会，社会保険研究所，法研，社会保険新報社，社会保険実務研究所，国民健康保険中央会 （非常勤社）病院新聞社，日本薬剤師会，薬事新報社，医学通信社，日本医師会，日本歯科医師会，医歯薬出版，医学書院，保健文化社，ヒョーロン・パブリッシャーズ，日本歯科新聞社，全国保険医団体連合会，保健同人社，全国社会保険協会連合会，官庁通信社，全国社会福祉協議会，自治日報社，全国厚生農業協同組合連合会，全国農業会議所，日本労政調査会，ライフサイエンス，日本公衆衛生協会，化学工業日報社

名称	重工業研究会
特徴	鉄鋼会館にある民間の経済記者クラブ。化学，繊維，医薬品，線維，化粧品など

225

第Ⅲ部　資料編

	幅広くカバーしている。
所在地	東京都中央区日本橋茅場町 3-2-10　鉄鋼会館 2 階
連絡先	03-3669-4829
加盟社	（常勤）読売新聞，NHK，日本経済新聞，西日本新聞，日刊工業新聞，日本興業新聞社，時事通信，共同通信，毎日新聞，北海道新聞，東京新聞，産経新聞，ブルームバーグ （非常勤）神戸新聞，TBS テレビ，日本テレビ，フジテレビ，テレビ朝日，ロイター通信，ダウ・ジョーンズ経済通信，朝日新聞，中部経済新聞，静岡新聞，プラッツ

名称	本町記者会
特徴	医薬品の業界紙・専門誌が加盟する記者クラブ。
所在地	東京都千代田区岩本町 2-3-8　神田 N ビル 3F
連絡先	03-6231-0609
加盟社	じほう，薬事日報社，化学工業日報社，薬事新報社，ライフ・サイエンス，医薬ジャーナル社，薬事ニュース社，薬局新聞社，薬粧流通タイムズ社，ドラッグマガジン，医薬経済社，ドラッグビジネス，エルゼビア・ジャパン

名称	道修町薬業記者クラブ
特徴	大阪における医薬品の業界紙・専門誌の記者クラブ。
所在地	―
連絡先	幹事社に直接連絡
加盟社	じほう，ドラッグマガジン，化学工業日報社，薬事ニュース社，薬事日報社，日本薬業新聞社，薬局新聞社

名称	本郷記者会
特徴	医療機器の業界紙・専門誌の記者クラブ。
所在地	東京都文京区本郷 3-39-15
連絡先	幹事社に直接連絡
加盟社	医科器械出版社，医理産業新聞社，化学工業日報社，産業タイムズ社，日本医科器械新聞社，保健産業事報社，メディックタイムズ社，じほう，薬事日報社，ユーアイ

（資料データ：総合ピーアール調べ。2017 年現在）

資料Ⅴ　医療関連記者クラブ・PR会社

【PR会社】

　現在，日本国内にはおよそ200社から300社ほどPR会社があるといわれています。社員数や売上規模，会社の特徴もさまざまで，200名以上のPRコンサルタントを擁する総合大手から数名で特定分野に特化した専門PR会社まで，その特色も多岐にわたります。ここでは医療分野で実績のあるPR会社の一部を紹介します。

（資料データ：総合ピーアール調べ）

【医療分野で実績のあるPR会社】

（国内資本）

会社名	株式会社電通パブリックリレーションズ
代表者	代表取締役社長執行役員　畔柳一典
特徴	1961年創業の電通のグループ会社（当時は電通PRセンター）。社員数・売上高ともに大きく，さまざまな分野の案件を手がけている。
所在地	東京都港区東新橋1丁目5番2号　汐留シティセンター35階
連絡先	03-6263-9000（代表）
URL	http://www.dentsu-pr.co.jp/

会社名	共同ピーアール株式会社
代表者	代表取締役社長　谷鉄也
特徴	1964年創業の独立系PR会社。国内のPR会社の草分け的な存在。2005年3月にJASDAQ上場。2014年から広告代理店の新東通信（名古屋市）が筆頭株主になっている。
所在地	東京都中央区銀座7-2-22　同和ビル
連絡先	03-3571-5171（代）
URL	https://www.kyodo-pr.co.jp/

会社名	株式会社プラップジャパン
代表者	代表取締役社長　鈴木勇夫
特徴	1970年創業の独立系PR会社。関連会社連結で約290名の社員を擁し，国内最大

227

第III部 資料編

	手のうちの一社。2005 年 7 月に JASDAQ 上場。
所在地	東京都港区赤坂 1-12-32　アーク森ビル 33 階
連絡先	03-4580-9111（代）
URL	http://www.prap.co.jp/

会社名	株式会社オズマピーアール
代表者	代表取締役社長　八田祥孝
特徴	1963 年創業の独立系 PR 会社。2011 年から博報堂の子会社となり，医療・ヘルスケア領域を専門とするジェイ・ピーアール（下記参照）をグループ傘下におさめている。
所在地	東京都千代田区紀尾井町 3-23　文藝春秋 新館
連絡先	03-4531-0229
URL	https://ozma.co.jp/

会社名	株式会社ジェイ・ピーアール
代表者	代表取締役社長　山本純広
特徴	1995 年の創業以来，医療・ヘルスケア領域を専門としたパブリックリレーションズ サービスを提供。現在はオズマピーアールのグループ会社。
所在地	東京都千代田区紀尾井町 3-23
連絡先	03-4531-1745/1746
URL	http://www.k-jpr.com/

会社名	株式会社コスモ・ピーアール
代表者	代表取締役社長　佐藤玖美
特徴	1960 年創業。日本企業の海外進出支援からスタートし，外資企業の日本市場への参入支援で業績を拡大。医学ジャーナリスト協会の事務局業務も担っている。
所在地	東京都港区麻布台 1-8-10　麻布偕成ビル 7 階
連絡先	03-5561-2911
URL	http://cosmopr.co.jp/ja/

会社名	株式会社トークス
代表者	代表取締役　辻田邦彦

資料V　医療関連記者クラブ・PR会社

特徴	1989年創業の中堅PR会社。ヘルスケア，テクノロジー，グローバルの3つのチームを設けている。
所在地	東京都千代田区九段南4-8-8 日本YWCA会館5F
連絡先	03-3261-7715
URL	http://www.pr-tocs.co.jp/

（海外資本）

会社名	Edelman Japan 株式会社
代表者	代表取締役社長　ロス ローブリー
特徴	世界各地の65都市に拠点をもつ世界的なPR会社の日本法人。
所在地	東京都港区六本木1-6-1　泉ガーデンタワー10階
連絡先	03-4360-9000（代）
URL	https://www.edelman.jp/

会社名	ウェーバー・シャンドウィック
代表者	代表取締役　塩谷斉
特徴	世界81カ国，126拠点で展開する世界的なPR会社の日本オフィス。
所在地	東京都港区三田1-4-28　三田国際ビル13階
連絡先	03- 5427-7311
URL	http://webershandwick.jp/

会社名	ヒル アンド ノウルトン ジャパン株式会社
代表者	代表取締役社長　ジョン・モーガン
特徴	現在，世界45カ国，85カ所以上に拠点をもつ世界的なPR会社の日本法人。1958年に日本で最初の外資系PR会社として設立された。
所在地	東京都渋谷区代々木2-1-1　新宿マインズタワー7階
連絡先	03-6859-6112
URL	http://www.hkstrategies.com/japan/ja/about/

229

第Ⅲ部　資料編

会社名	アズ・ワールドコム　ジャパン株式会社
代表者	代表取締役社長　佐藤久夫
特徴	ワールドコム PR グループの日本法人。
所在地	東京都港区赤坂 2-18-3
連絡先	03-5575-3221
URL	https://www.azw.co.jp/

会社名	株式会社バーソン・マーステラ
代表者	日本代表　福永朱里
特徴	1953 年にニューヨークで創業した世界的な PR 会社の日本法人。
所在地	東京都千代田区麹町四丁目 1 番地　麹町ダイヤモンドビル 5 階
連絡先	03-3264-6701（代）
URL	http://www.b-m.co.jp/

会社名	ブルーカレント・ジャパン株式会社
代表者	代表取締役社長 本田哲也
特徴	フライシュマン・ヒラード・ジャパンのマーケティング PR 部門が分離して設立。ニューヨークに本社があるオムニコムグループ傘下の PR 会社。
所在地	東京都中央区晴海 1-8-10 晴海トリトンスクエア X 38F
連絡先	03-6204-4141（代）
URL	http://bluecurrentprjapan.com/

（資料データ：総合ピーアール調べ。2017 年現在）

おわりに

　ことの始まりは弊社の10周年記念として小冊子を作成しようということだった。日本における20年近くのDTCマーケティングの歴史を振り返るために5名の方との対談シリーズを企画し，最初の対談相手候補である恩師の明治大学大石芳裕先生のところに相談と出演依頼にうかがうと，一通り10周年記念企画の話を聞かれた後，「そんな小冊子なんて作っても配ってそれで終わりじゃないですか。本を1冊書きなさいよ。書く力がないわけじゃないし，すぐ1冊くらい書けますよ。出版社も紹介するからすぐに出版決まりますよ」という有り難いお言葉で，これはえらいことになったと思いながら，明治大学研究棟裏の坂道をとぼとぼと歩いて会社に戻ってきたのであった。この本は著者の5冊目の本になる。恩師とは本当に有り難いものである。このような神の声がなければこの本は上梓には至らなかったのだ。正直なところ，2009年に『新版DTCマーケティング』を上梓した後，会社の方もだんだんと忙しくなり単行本どころか論文さえも2年に1回程度のペースに落ち込んでいた状況だった。『DTCマーケティング』もそれに続く『新版DTCマーケティング』も製薬業界のみなさまには予想以上にご評価いただき「DTCのバイブル」とまで仰っていただいたくらいだ。DTCのことで相談があるということで面談にうかがうと，そこには読み込まれ付箋があちこちに貼られ，よれよれになった拙著を持つ方が待っていて，「何回も読んだのですが，わからないところがあるのです」と言われる。それほど熱心に読んでいただいている方がいるのだと嬉しくなったことが何回もある。DTCに出会ってからこれがライフワークのようになっているが，今回の本書がまた少しでも読者の役に立つことを祈るのみである。対談では，懐かしい人とも久しぶりに会うことができ，当時のことを思い出して際限なく話し込んでしまった。DTCに出会ってからの20年，会社

おわりに

を設立してからの 10 年，文字どおりよい記念になったと思う。これからも日本で正しく DTC が推進され，患者さんのためになる活動が末永く実施されていくことを祈念したい。

※筆者は DTC マーケティングなど医薬品マーケティングに関する情報をメールマガジン『PharMarketing News』によって製薬企業のみなさまに無料で提供をしている。ご興味のある方は以下のホームページにあるメルマガボタンから申し込んでほしい。
（http://abc-onsulting.co.jp/）
※同じホームページで，本書の扉頁にも載せているオーストリアの綺麗な風景写真をパソコンなどの壁紙用にデータで提供している。こちらもご興味のある方はホームページにある ABC Gallery ボタンから利用しみてほしい。
（非営利の個人利用に限られる）

2018 年 1 月

古川　隆

扉写真の解説

　本書ではそれぞれの扉頁に風景写真を配しています。これは筆者が 2008 年〜 2017 年の 10 年間にオーストリアの各地で撮影したものです。今回会社の設立 10 周年を記念する意味で 10 年間撮りためた写真を入れることにしました。ご参考までにそれぞれの写真の簡単な解説を致します。

◎第 I 部扉　「ケーリンガー城趾」
　ヴァッハウ渓谷の町デュルンシュタインにあるお城で，イギリスのリチャード獅子心王が十字軍遠征の帰路，幽閉されたことで有名です。

○対談 I　「ゲトライデガッセ」
　ザルツブルグの旧市街にある通りです。狭い通りの両側に商店が並んでいて，軒先には鉄細工の看板が掲げられているのが通りの名前の由来です。

○対談 II　「Sill 川から見たノルトケッテ連峰」
　インスブルックの町からはノルトケッテ連峰が間近に見られます。ノルトケッテ（Nordkette）とは北の鎖という意味です。

○対談III　「アンカー時計」
　ウィーンの旧市街のホーエンマルクト広場にある仕掛け時計です。毎正時にマリア・テレジアなどウィーンゆかりの歴史的人物の人形が現れます。

○対談IV　「シャーフベルグ登山鉄道」
　ヴォルフガング湖岸から山頂までを結ぶ景色のよい登山鉄道です。映画『サウンド・オブ・ミュージック』にも登場しています。

○対談V　「ベートーヴェンの散歩道」
　ウィーンのトラム D 番の終点から小川沿いに今でも散歩道が残っています。近くにはベートーヴェンがかつて住んだ家が点在しています。

◎第 II 部扉　「モーツァルトの像」
　ウィーンのブルク公園のなかにはモーツァルトの像があり，多くの人が訪れています。像

扉写真の解説

の前は花壇になっていて季節ごとに花によるト音記号が見られます。

○第1章 「夕暮れ時の国立歌劇場屋上」
ウィーン国立歌劇場では，開演前や休憩時間に屋上に出ることができます。屋上からは暮れなずむウィーン市街が望めます。

○第2章 「シェーンブルン宮殿」
世界遺産であるシェーンブルン宮殿はウィーンの南西部にあります。広い敷地のなかには豪華な宮殿の他に庭園や動物園，植物の温室まであります。

○第3章 「ラクセンブルクにある教会」
ウィーンの近郊にあるシュロスパーク・ラクセンブルクには古いお城と広大な庭園があります。皇帝フランツ・ヨーゼフと皇妃エリザベートが新婚生活をおくった所です。

○第4章 「フンダートヴァッサーハウス」
奇抜な色の建物は今でも人の住んでいるウィーン市の公共住宅です。ウィーン生まれの建築家フンダートヴァッサーの代表作です。

○第5章 「王宮での舞踏会風景」
冬のウィーンは舞踏会シーズンで，何百という舞踏会が毎晩のように開かれます。会場は国立歌劇場や王宮，市庁舎，コンツェルトハウスなどさまざまです。

○第6章 「市庁舎前のクリスマスマーケット」
ウィーンではアドヴェント（待降節）の時期になると至る所でクリスマスマーケットが開かれ，華やかなイルミネーションであふれます。

○第7章 「ピーバー国立飼育場のリピツァーナー」
スペイン乗馬学校で華麗な古典馬場馬術を演じる白馬リピツァーナーは，シュタイヤマルク州ピーバーにある国立飼育場で生まれて育ちます。

◎第Ⅲ部扉 「スペイン乗馬学校の鞍庫」
乗馬学校の厩舎にある鞍庫には公式練習用の馬場鞍が紋章入りゼッケンと一緒に整然と並んでいます。その多くはオーストリアの Karl Niedersüß GmbH 製です。

○資料Ⅰ 「セメリンク鉄道の石造りの橋」
1854 年難工事の末にアルプスを越えて開通したセメリンク鉄道には自然になじんだ美しい石造りの橋がいくつもあります。

扉写真の解説

○資料Ⅱ　「アウガルテン陶磁器工房」
　美しいアウガルテン庭園のなかにある工房では，アウガルテンの陶磁器の購入や，ガイドツアーで製造過程を見学することができます。

○資料Ⅲ　「市庁舎前のスケートリンク」
　冬になると市庁舎前の広場にスケートリンクが設置され，ウィーン子は大人も子供もスケートに興じます。

○資料Ⅳ　「ミラベル庭園からみたホーエンザルツブルク城塞」
　ザルツブルクは塩の城という意味です。ミラベル庭園から橋を渡り，旧市街を通り抜けて城塞までは歩いていけます。

○資料Ⅴ　「シュテファン寺院の北塔」
　ウィーンの象徴とも言われるシュテファン寺院。その北塔にはエレベーターが設置されていて，塔の上からはウィーン市街が眺められます。

参考文献

AAAA, Definition offered by the American Association of Advertising Agencies Committee on Integrated Marketing Communications. (有賀勝訳「統合型マーケティング・コミュニケーション (IMC) の実際」『Harvard Business Review』第27巻, 第9号, ダイヤモンド社, 1996年, p. 29。)

AMA(アメリカ・マーケティング協会) (1988)「『マーケティング辞典』における広告の定義」

Calder, J. B. and Reagen, J. S. (2001), "Chapter 3 Brand Design," *Kellogg on Marketing*, John Wiley & Sons, Inc. New York. (奥村昭博・岸本義之訳『ノースウエスタン大学大学院ケロッグスクール　マーケティング戦略論』ダイヤモンド社, 2001年。)

Callaghan, Tom (2002) 筆者インタビュー, 2002年9月20日, 東京。

Castagnoli, G. W. (1995) (佐賀國一監訳, 医薬品マーケティング研究会訳「第14章　医薬品プロモーションの将来展望」『医薬品産業の課題とマーケティング戦略』日本能率協会マネージメントセンター, 1997年, pp. 279-293。

Ducan, T. and Moriarty, S. (1997), *Driving Brand Value*, The McGraw-Hill Companies, Inc., New York. (有賀勝訳『ブランド価値を高める統合型マーケティング戦略』ダイヤモンド社, 1999年。)

Duncan, T. (2002), *IMC: using advertising and promotion to build brands*, The McGraw-Hill Companies, Inc.

IBM Business Consulting Services (2002) (訳『Pharma 2010：イノベーション再定義 ―Threshold of Innovation 』IBM ビジネスコンサルティングサービス, 2003年。

Kotler, P. (1991), *Marketing Management: Analysis, Planning, and Control, 7th ed.*, Prectice-Hall, Inc. (村田昭治監修, 小坂恕・疋田聡・三田村優美子訳『マーケティング・マネージメント (第7版)』プレジデント社, 1996年。)

Kotler, P. and Armstrong, G. (1997), *Marketing: An Introduction, 4th ed.*, Prentice-Hall, Inc. (恩蔵直人監修, 月谷真紀訳『コトラーのマーケティング入門　第4版』ピアソン・エデュケーション, 1999年。)

Kotler, P. (1999), *Kotler on Marketing by Philip Kotler*, Simon & Schuster Inc. (木村達也訳『コトラーの戦略的マーケティング』ダイヤモンド社, 2000年。)

Kotler, P. (2000), *Marketing Manegement: Millennium edition, 10th edition*, Prentice-Hall, Inc. (恩蔵直人監修, 月谷真紀訳『コトラーのマーケティング・マネージメント　ミレニアム版 (第10版)』ピアソン・エデュケーション, 2001年。

Percy, L. (1997), *Strategies for Implementing Integrated Marketing Communications*, NTC

Publishing Group.（小林太三郎監訳，清水公一・中山勝巳訳『実践・IMC 戦略』日経広告研究所，1999 年。）

Schultz, D. E.（2004）（中尾麻衣子訳「次世代統合マーケティングコミュニケーション－コミュニケーション戦術から利益構築戦略へ」『マーケティングジャーナル』2004，93，Vol. 24, No. 1，日本マーケティング協会，pp. 16-29。

有賀勝（1996）「統合型マーケティング・コミュニケーション（IMC）の実際」『Harvard Business Review』第 27 巻，第 9 号，ダイヤモンド社，pp. 29-37。

猪狩誠也編著『広報・パブリックリレーションズ入門』（2007）。

大森康晴（2006）「図表 31　広告 vs PR（広報）－その機能と属性」古川隆『実践 医薬品マーケティング・コミュニケーション』医薬経済社，p. 82。

株式会社 QLife（2017）社内資料。

株式会社協和企画（2017）社内資料 Medi-Trend。

株式会社インテージ　コンシューマーセントリックコミュニケーション部（2017）『社内勉強会資料「Web マーケティング基礎知識」』。

岸志津江・田中洋・嶋村和恵（2000）『現代広告論』有斐閣。

木綿良行・懸田豊・三村優美子（1999）『テキストブック 現代マーケティング〔新版〕』有斐閣ブックス。

「厚生省医薬安全局監視指導課長通達」平成 10（1998）年 9 月 29 日医薬監第 148 号。

「厚生省薬務局長通知」昭和 55（1980）年 10 月 9 日薬発第 1339 号。

国際医薬品情報編（2002）『製薬企業の実態と中期展望 2002 年度版』国際商業出版。

佐賀國一（1993）『医薬品マーケティング』日本能率協会マネージメントセンター。

坂巻弘之（1997）「疾病管理」『月刊ミクス』10 月号，ミクス，pp. 84-88。

坂巻弘之・池田俊也（1999）「医療の効率化と疾病管理」『病院』第 58 巻，第 4 号，医学書院，pp. 343-347。

嶋口充輝（2000）『マーケティング・パラダイム』有斐閣。

杉本徹（2017）「患者インサイトを知るための手法」『PharMarketingNews』209 号，2017年 6 月 12 日，株式会社 ABC。

スコット・M・カトリップ，アレン・H・センター，グレン・M・ブルーム（2008）『体系パブリック・リレーションズ』株式会社ピアソン・エディケーション。

鈴木弘子・安田和彦（2001）「わが国医療用医薬品業界における MR 情報化の現状と課題に関する調査研究」『研究年報　経済学（東北大学）』第 62 巻，第 4 号，pp. 287-800。

鈴木夕子（2017）「講演資料：子宮筋腫に関する Patient Journey Map」『患者インサイトセミナー』2017 年 6 月 20 日，楽天リサーチ株式会社。

世古主義夫（2004）「修羅場と化すか国内市場」『月刊ミクス』10 月号，エルゼビア・サイエンス，pp. 49-51。

総務省（2017）『平成 29 年版情報通信白書』総務省。

高志昌広・小又理恵子（2001）「ネットの医療情報を携え患者がやってくる『日経メディカル』第 30 巻，第 5 号，日経 BP 社，pp. 54-65。

参考文献

田中洋（2015）『消費者行動論』中央経済社。

電通クロスメディアコミュニケーション WEB「クロスメディア用語集」http://www.dentsu.co.jp/crosswitch/dictionary/index.html, 2009 年 1 月 20 日アクセス。

當麻あづさ（1998）「ディジーズ・マネージメント」『日経メディカル』1998 年 12 月号，日経 BP 社，p. 17。

中川理・日戸浩之・宮本弘之（2001）「顧客ロックイン戦略」『Harvard Business Review』第 26 巻，第 10 号，ダイヤモンド社，p. 40-55。

21 世紀の医療システムを考える研究会著，日経メディカル編（1999）『医療を変える提言・患者主体の医療改革』日経 BP 社。

『日刊薬業』平成 16（2004）年 5 月 19 日号。

日本製薬工業協会・広報委員会（2002）『第 3 回くすりと製薬産業に関する生活者意識調査調査報告書』日本製薬工業協会。

日本製薬工業協会・プロモーションコード委員会（2003）『医療用医薬品製品情報概要記載要領・医療用医薬品専門誌』（紙）広告作成要領説明会資料』日本製薬工業協会。

日本製薬工業協会・プロモーションコード委員会（2004）『医療用医薬品プロモーションコード平成 16 年 4 月 1 日改訂版』日本製薬工業協会。

日本製薬工業協会・コード委員会・医療用医薬品製品情報概要審査会（2015）『通知「テレビや新聞等のメディアを利用した情報発信活動いわゆる疾患啓発広告とタイアップ記事（広告）について」平成 27 年 1 月 6 日』日本製薬工業協会。

日本製薬工業協会・コード・コンプライアンス推進委員会・医療用医薬品製品情報概要審査会（2016）『「ホームページへのコンテンツ掲載に関する指針」のお知らせ，添付文書『ホームページへのコンテンツ掲載に関する指針』平成 28 年 7 月 15 日，日本製薬工業協会。

野林晴彦・藤原尚也（2004）「製薬企業から医療消費者への情報提供—薬の広告に対する医療消費者の意識」『医療産業政策研究所　政策研ニュース』No. 15, 2004 年 10 月，日本製薬工業協会医薬産業政策研究所，pp. 16-17。

長谷川敏彦（1999）「批判的論評，疾病管理，臨床ガイドラインと EBM」『健康保険』第 53 巻，第 9 号，健康保険組合連合会。

晴田エミ（1998）『医薬品産業』かんき出版。

深代達也（1998）「疾病管理手法の有効性」『ばんぶう』9 月号，日本医療企画，pp. 86-91。

古川隆（2005）『DTC マーケティング』日本評論社。

古川隆（2009）『新版 DTC マーケティング』日本評論社。

古川隆編著（2010）『マーケティング PR（製品広報）の理論枠組みの整理と日本における現状の考察』日本広報学会。

松田晋哉・坂巻弘之編（2004）『日本型疾病管理モデルの実践』じほう。

『薬事日報』（2017），https://www.yakuji.co.jp/entry57426.html, 2017 年 4 月 10 日アクセス。

『薬事ハンドブック 2004 年版』（2004），じほう。

参考文献

『読売新聞』2013 年 12 月 11 日朝刊。
『読売新聞』2014 年 2 月 19 日朝刊。
ワセダクロニクル「01 買われた記事　電通グループからの「成功報酬」http://www. wasedachronicle.org/articles/buying-articles/a1/，2017 年 2 月 1 日アクセス。
渡部保男（2004）「医薬品分野の規制緩和」『月刊ミクス』7 月号，エルゼビア・ジャパン， pp. 58-60。

協力者一覧

（『DTC マーケティング』発行 2005 年 3 月時の協力者，所属肩書きは当時のもの）

石井　弘之	インターナショナル SOS ジャパン株式会社　ゼネラルマネージャー
石澤　幹夫	アムジェン株式会社　マーケティング本部営業企画部次長
石橋　太郎	ティー・エムマーケティング株式会社　コンサルタント
井上　良一	ファルマ・マーケティング・コンサルタント
植田　南人	デルファイ マネジメント コンサルタント社　代表取締役
大森　康晴	共同 PR 株式会社　顧問
金子　雄太	エーシーニールセン・コーポレーション株式会社
	カスタマイズ リサーチ メディテック アソシエイト ディレクター
カランハントム	ソネット・エムスリー株式会社　取締役 COO
須田　和英	株式会社インターサイエンス社　企画制作部部長
世古主義夫	ファルマ・マーケティング・サーベイ研究所　所長
高田　昌彦	高田編集オフィス　代表
松田　雅裕	財団法人パブリックヘルスリサーチセンター附属健康増進センター統括管理本部　本部長
松竹　直	ノバルティスファーマ株式会社マーケティング部ネットコミュニケーション＆e- ビジネスグループ　グループマネージャー
三村　洋介	社団法人日本 PR 協会事務局　次長
森山　康男	医療経済研究所　代表

（50 音別，敬称略）

（『新版 DTC マーケティング』発行 2009 年 11 月時の協力者，所属肩書きは当時のもの）

浅山　美紀	アストラゼネカ株式会社　コーポレートマネジメント統括部広報部アソシエイト
阿曽　利行	万有製薬株式会社　マーケティング本部がん・神経領域・特定疾患グループ（男性型脱毛症）マネージャー
市川　健一	ワシントン大学オーリン経営大学院
大山　晋	株式会社アサツー ディ・ケイ　第 1 アカウントプランニング局プランニングディレクター

| 岡田　哲男 | 海外メディカルニュース研究所　代表 |

株式会社大広　ビジネス・ナレッジ局第１グループクロスコミュニケーションメソッド開発チーム

国方　京子	株式会社大広　大阪ソリューション開発局第１アカウントプランニンググループ部長
熊澤　伸宏	グラクソ・スミスクライン株式会社　カスタマー・ケア・センターセンター長
橋本　　敏	株式会社メディアコンテンツファクトリー　メディア事業本部コンテンツ事業部長
傳農　　寿	株式会社社会情報サービス　専務取締役企画調整ビジネスユニット統括
我妻　誠一	ティーペック株式会社　営業部営業三課 課長

(50 音別，敬称略)

本　　書

(第Ⅰ部「対談編」出演者)

1. 大石　芳裕　氏
2. 高橋　義宣　氏
3. 沼田　佳之　氏
4. 香取　久之　氏
5. 加藤　和彦　氏

(出演順)

(第Ⅱ部「DTC マーケティングの基本」の協力者，所属肩書きは出版時)

秋和　真一	疾患啓発（DTC）研究会　代表幹事
石井臨太郎	株式会社 QLife メディカルソリューション室 ディレクター
越後　　浩	日本ベーリンガーインゲルハイム株式会社　顧客サービス推進部
小澤　淳一	第一三共株式会社　マーケティング部マルチチャネル推進グループ　主幹
楠　　　薫	株式会社インテージ　コンシューマーセントリックコミュニケーション部
杉本　　徹	株式会社クロエ　マーケティングサービス準備室　副室長
田沢　悟郎	DTC ソリューション協議会　理事長
中川　　晃	株式会社協和企画　取締役上席執行役員　事業開発担当
長谷川一英	ブリストル・マイヤーズ　スクイブ株式会社　パブリックアフェアーズ＆コミュニケーション部門　部長
武藤　　栄	株式会社京都創薬研究所　事業開発部長
山崎　茂之	一般社団法人くすりの適正使用協議会　広報部長

(50 音別，敬称略)

協力者一覧

（第Ⅲ部「資料編」協力企業）
1．CM 総合研究所（株式会社東京企画）
2．株式会社クロエ／株式会社クリニカル・トライアル
3．株式会社メディアコンテンツファクトリー
4．シミックヘルスケア株式会社
5．総合ピーアール株式会社

（掲載順，敬称略）

索　引

【数字・アルファベット】

1 セッション　186
2 次医療圏　34
ADVERTORIAL　159
AI　35
Behavioral Sequence Model　104
BSM　104, 106
B to B　6
B to B to C　10
B to C　5
CM 好感度　194-195
　──調査　194
CM 放送回数　194
CPA　177
CPC　177
CRM　113
CTR　176
CV（コンバージョン）　177, 187
CVR　177, 187
Customer Relationship Management　113
Decider　104
di-PiNK　176
DMP　173, 175
DSP　173, 175
DTC-ACE　181
DTC-PR　126, 157
DTC 広告　10, 24, 62
DTC 推進事務局　125, 128, 133
DTC のバイブル　231
e-Detailing　81
e- ディテーリング　34
Google Analytics　185
ICH　86

IMC　7, 65, 100, 107
Influencer　103
Initiator　103
KOL　26, 93-94, 171-172
MID-NET　42
MPR　79
MR　9, 25, 48, 63, 77, 80, 123
MROC（エムロック：Marketing Reserach On-line Community）　143-145, 206
Medi-Trend　181, 182
NDB　36
PHR　142
PMDA　42
POS システム　181
PR　78, 100
PR 会社　158, 224, 227
PR コンサルタント　227
Purchaser　104
QOL　122
RAC　37
SEO　171
SNS　6
SOV　33
SP　78, 100
SSP　173, 175
User　104
Web 広告　167, 176
Web サイト構築委託会社　168
i-DReaMer　183

【ア行】

アウトサイド・イン　101
アドバイザリーボード　124
　──・ミーティング　125, 130

243

索　引

――・メンバー　128
アドヒアランス　217
　　――向上　218
　　――プログラム　69
アフィリエイト広告　174
安全性速報　26
アンメットニーズ　33
医学監修　28
意思決定者　104
医師法　50
イービーエムズ　61, 68
医薬品卸　42
医薬品等適正広告基準　83
医薬分業　10
入口ページ　187
医療医薬品製品概要審査会　154
医療消費者　89-90, 118
医療制度改革　118
医療費抑制策　33
医療費抑制政策　87
医療用医薬品製品情報概要管理責任者　86
医療用医薬品プロモーションコード　84
インサイト調査　23, 138
インストリーム広告　176
インフィード広告　176
インプレッション　175
影響者　103
営業部隊　78, 82
疫学調査　149
エッセンシャル市場　41
エビデンス　61, 120, 130-131, 133, 149
エリア・コーディネーター　37, 40
エリア・マーケティング・プランナー　37
演繹法　14
オウンドメディア　34
お薬相談の窓口　27
オーディエンスターゲティング　173
卸　76
オンラインコミュニティ　143

【カ行】

介護施設　34

外部協力会社　147
カスタマージャーニーマップ　138
幹事社　225
患者インサイト　70, 138-139, 142, 200
患者サポートプログラム　216
患者指導箋　82
患者セグメント　139, 141, 144-145, 149
患者団体　123
患者調査　138, 141, 168
患者の会　124
患者満足度　38
患者向け情報発信ディスプレイ　208
キーアカウント・マネージャー　37
キーオピニオンリーダー　26
企業広報　156
企業の評判　157
記事体広告　159, 176
記者クラブ　224-225
希少疾患薬　20
希少難病　47
　　――ネットつながる　47
キックオフミーティング　146
キー・メッセージ　150
恐怖訴求　93
興味関心連動型広告（インタレストマッチ）
　　172
キラーコンテンツ　169
キーワード　172
くすりの適正使用協議会　95, 97
クーポンプロモーション　112
クリック　177
　　――単価　177
　　――率　176
グループインタビュー　139, 142
クロスメディア　113
ケアマネジャー　34
啓発サイト　67
健康イベント　128
検索エンジン　174
効果検証手法　180
効果検証方法　180
高関与商品　105-106

索　引

後期高齢者　33
広告代理店　159, 162
厚生日比谷クラブ　225
厚生労働記者会　225
後発医薬品　41
後発品　33
広報代理店　158
広報部　156
小売店　111-112
顧客獲得単価　177
顧客ロックイン　113, 124
コード委員会　154
コーポレート・コミュニケーション　156
　──部　156
コールセンター　35, 51, 56
コンシューマーインサイト　138
コンシューマーマーケティング　150
コンテクスト（文脈）　169
コンテンツ　169
コンバージョン率　177, 187
コンプライアンス　133
　──プログラム　69

【サ行】

サイト構築会社　171
再訪問者数　188
シェア・オブ・ボイス　33, 41
ジェネリック　41
　──医薬品　10
事実　101
自主規範　84-85, 91, 94, 162
市場の拡大　132
疾患啓発（DTC）研究会　39, 68-69
疾患啓発広告　92, 126, 154, 158
疾患啓発サイト　28, 63, 69, 94, 167, 177
疾患啓発情報誌　126
疾病管理　124
市民公開講座　67
首唱者　103
受診促進ツール　213
純広告　158
純パブリシティ　158

使用者　104
消費者インサイト　138
　──調査　138
消費者主権問題　10
商品購入者　104
商品広報　157
処方権　77, 80, 82
処方箋データ　181
白神斑研究　91
新患ブランドシェア　182
新規訪問者数　188
人工知能　35
診察待ち時間　213
新聞広告　52, 67
スターター・キット　128
ステアリングコミッティ　130
ステークホルダー　155, 157
成果単価　177
生活向上WEB　200, 202-203
製品広報　157
製品情報概要記載要領　85
製薬協　82, 84
セカンダリーデータ　140-141, 149
接触ポイント　145
セッション数　186
セールス・プロモーション　78, 100
潜在患者　122, 132
専門家　111
専門業者　111
専用ステッカー　131
ソーシャルネットワークシステム（SNS）　143
ソーシャルメディア　143

【タ行】

タイアップ　158, 160-162
　──記事（広告）　92, 154, 158, 160-161
大義　22, 27, 39-40
滞在時間　187
ダイレクト・マーケティング　78, 100
ターゲットインサイト　113
縦の統合　101
地域医療連携ネットワーク　44

245

索　引

地域包括ケアシステム　34
長期収載品　41
直帰率　187
治療患者　122
通信社　161
ディオバン事件　90
低関与商品　105
定期情報誌　128
ディスカッションガイド（DG）　142
定性調査　141-143
ディーテリング　81
定量調査　143, 145
出口ページ　188
デジタルチャネル　34
デジタルマーケティング　34
デプスインタビュー　142
テレビCM　9, 52, 67
電子カルテ　36, 43
動画広告　176
統合型マーケティング・コミュニケーション
　　7, 65, 100
透明性　50
ドクターコミュニケーション　132
特定臨床研究　91
道修町薬業記者クラブ　226

【ナ行】

難病情報センター　49
難病相談支援センター　53, 56
難病手帳　47
日本製薬工業協会　82
認識　101
ネイティブアド　176
ノンクレジット　158, 160

【ハ行】

媒体考査　156
バイタルデータ　71
パーセプション　101
パーソナルヘルスケアレコード（PHR）　142,
　　200
バナー広告　174

パブリシティ　126, 149, 155, 158
パブリック　155
　　——（オープン）DMP　175
　　——・リレーションズ　78, 100
販促用ギブアウェイ　81
被験者　141-142
ビジット数（訪問数）　186
非人的　154
ビッグデータ　35
非ディーテリング　81
病院検索　169
　　——機能　169-170, 177, 184-185, 187
　　——サイト　170
ファインディングス　147
ファクト　101
服薬コンプライアンス　108, 112, 124
ブックインブック　80
プッシュ　7
　　——戦略　109-110, 132, 180
プライベートDMP　175
プライマリー市場　33
プライマリーデータ　141
ブランド構築　108
ブランド・マーケティング　127
フリークエンシー　113
プル　7
　　——戦略　109, 110, 180
プル・マーケティング　8
ブルーレター　26
プロダクトマネージャー　19, 25, 182
ブロックバスター　11, 33
プロモーションコード　84
文献集　81
ペイシェント・エクスペリエンス（PX：患者
　　体験）　200, 204
ペイシェントジャーニー　66
　　——マップ　138-139, 147-148, 204
ペイドパブリシティ　158-159, 176
ページビュー数（PV）　186
ペルソナ　24, 68, 144, 147
編集記事　161
編集タイアップ　160

索　引

保険診療　20
保険調剤薬局　56
ポータルサイト　11
ホームヘルパー　34
本郷記者会　226
本町記者会　226

【マ行】

マイツキラクダ　25, 27
マーケティング PR　79, 157-158
待合室テレビ　213
マルチ広告　80
未病　40
メガファーマ　11
メディアインサイト　113
メディアミックス　156
メディカルコールセンター　52, 69, 129
メディキャスター　208
モデレーション　142
モデレーター　142

【ヤ行】

薬剤師法　50
薬機法　162

優良顧客　102
ユニークユーザー数（UU）　186
横の統合　101
ヨーロッパ型 DTC　69

【ラ行】

リアルワールドデータ　40-41, 43
リージョナル・エリア・コーディネーター　37
リスティング広告　172, 174
リーチ　113
流通業者　108, 111-112
臨床研究法　90
臨床試験　12, 21-22, 54
臨床治験　142
レストルームプロモーション　25
レスポンシブ Web デザイン　170
レセプト情報・特定健診等情報データベース
　　36
レセプトデータ　43
レビュテーション　157

【ワ】

ワークショップ　68, 144-146, 169
ワンオンワン（1 on 1）インタビュー　139, 142

247

著者紹介

古川　隆（ふるかわ・たかし）

1958 年新潟県新井市（現妙高市）生まれ。
明治大学大学院経営学研究科博士前期課程修了。経営学修士。
現在，株式会社アーベーツェー代表取締役，コンサルティング・エグゼクティブ。
日本大学法学部新聞学科講師。埼玉医科大学特定認定再生医療等委員会委員。

所属学会・協会：日本広告学会正会員。日本商業学会正会員。日本広報学会正会員。日本マーケティング・リサーチ協会個人賛助会員。日本医学ジャーナリスト協会正会員。日本クラリネット協会会員。日墺文化協会法人会員。

所属団体：疾患啓発（DTC）研究会幹事（事務局）。DTC ソリューション協議会常任理事。（一社）くすりの適正使用協議会個人会員。

専門：医薬品マーケティング。広告論。広報論。

趣味：クラシック音楽（クラリネットと声楽の愛好家）。乗馬（馬場馬術）。ソシアルダンス（モダン＆ラテン）。写真。秩父札所巡り。

株式会社アーベーツェー　http://abc-onsulting.co.jp/

日本における DTCマーケティングの歩みと未来

2018 年 1 月 31 日　第 1 版第 1 刷発行　　　　　　　検印省略

著　者　古　川　　　隆

発行者　前　野　　　隆

発行所　株式会社　文　眞　堂
東京都新宿区早稲田鶴巻町 533
電　話 03（3202）8480
ＦＡＸ 03（3203）2638
http://www.bunshin-do.co.jp/
〒162-0041 振替00120-2-96437

印刷／製本・真興社
ⓒ2018
定価はカバー裏に表示してあります
ISBN978-4-8309-4974-6　C3034